E. USQUIN

LA PROPRIÉTÉ

LE MORCELLEMENT DU SOL

LA LIBERTÉ DE TESTER

L'homme a deux mobiles de sollicitude et d'amour : la propriété et les affections.
ARISTOTE.

Le droit de disposer du père place les enfants entre l'espérance et la crainte.
PORTALIS.

Ce que le paysan français aime dans sa terre, c'est ce qu'il y a mis de lui-même, c'est ce que son père et son aïeul y ont mis avant lui.
DESCHANEL.

L'idée de propriété et l'idée même du droit et de liberté ont toujours marché ensemble.
DESCHANEL.

NICE

J.-B. COTTALORDA, Editeur

16 — Rue Saint-François-de-Paule — 16

1900

E. USQUIN

LA PROPRIÉTÉ

LE MORCELLEMENT DU SOL

LA LIBERTÉ DE TESTER

> L'homme a deux mobiles de sollicitude
> et d'amour : la propriété et les affec-
> tions. ARISTOTE.

> Le droit de disposer du père place les
> enfants entre l'espérance et la crainte.
> PORTALIS.

> Ce que le paysan français aime dans sa
> terre, c'est ce qu'il y a mis de lui-
> même, c'est ce que son père et son
> aïeul y ont mis avant lui.
> DESCHANEL.

> L'idée de propriété et l'idée même du
> droit et de liberté ont toujours marché
> ensemble. DESCHANEL.

NICE

J.-B. COTTALORDA, Editeur

16 — Rue Saint-François-de-Paule — 16

1900

PRÉFACE

Un Congrès international de la propriété foncière se réunira à Paris à l'occasion de l'Exposition universelle de 1900.

L'importance des sujets qui seront traités dans ces grandes assises de la science économique est considérable.

Nous avons essayé d'apporter notre modeste pierre à l'édifice ; mais, avant d'examiner le présent, il nous a paru utile d'étudier le régime de la propriété à travers les âges, en ce qui concerne particulièrement le morcellement du sol.

Pour toutes les nations, sous toutes les latitudes, à toutes les époques, les mêmes causes ont produit les mêmes effets.

Quand les lois n'ont pas été inspirées par l'amour de la justice, quand elles n'ont pas facilité la liberté testamentaire et la division de la propriété, en évitant le morcellement exagéré du sol, les gouvernements n'ont pas été solidement établis et les peuples n'ont pas été heureux.

Nice, le 20 avril 1900.

PREMIÈRE PARTIE

**La propriété rurale et le morcellement du
sol à travers les âges, dans l'Inde, en
Egypte, en Judée, à Tyr et à Carthage,
en Chine, en Grèce, à Rome, en Gaule.**

Si nous remontons aux époques les plus reculées
qu'il nous soit possible de connaître, nous voyons à
l'Occident des contrées sauvages et couvertes de
forêts; — le climat est froid et humide, — les habitants vivent de chasse, principalement. — ce sont les
ancêtres des Celtes, des Germains et des Slaves.

L'Orient, au contraire, connaît depuis longtemps
les jouissances de la civilisation.

Le sol merveilleusement fertile de l'Inde, de la Chine, de la Perse et de l'Egypte, leurs fleuves immenses, leur climat délicieux, tout favorisait dans ces contrées privilégiées le développement de l'agriculture.

LA PROPRIÉTÉ DANS L'INDE

Il n'y a pas bien longtemps que l'Orient nous a été révélé. Volney et Sacy nous ont fait connaître l'Arabie et la Syrie.

Les Champollion, les Rougé, les Mariette ont arraché leurs secrets aux inscriptions hiéroglyphiques de la mystérieuse Egypte. A force de travail et de persévérance, la science nous a dévoilé les mystères d'un empire civilisé soixante siècles avant Jésus-Christ.

William Jones, Colebrooke, Wilson, Muller, Lassen, Schlégel, Chigy, nous ont fait connaître les beautés des livres saints des Génèses indiennes.

Nous ne pouvons plus en douter aujourd'hui, l'Inde a été le berceau du monde, la source de toutes les races et de toutes les langues, de toutes les lois, de toutes les industries (1). L'Inde brahmanique avait trois castes :

1° Les prêtres, 2° les guerriers, 3° les artisans et les laboureurs.

Les prêtres instruisaient, les guerriers protégeaient, les artisans confectionnaient ces tissus admirables dont leurs descendants ont conservé le secret ; les laboureurs nourrissaient la nation.

Partout la terre était cultivée avec soin et le sol morcelé avec intelligence. Les pauvres étaient rares, l'impôt peu élevé. Des droits de douane avaient été établis, mais ces droits étaient sagement réglés.

Le droit d'aînesse que nous retrouvons chez la plupart des peuples de l'antiquité avait été établi par les Brahmanes dans le but de conserver les héritages. Le droit d'aînesse était le privilège des Vedas ou Dvidjas, c'est-à-dire des castes ariennes privilégiées.

---

(1) Peut-être les institutions de l'Inde ont-elles été la continuation des lois observées dans l'immense région que le déluge avait épargnée.

LA PROPRIÉTÉ EN ÉGYPTE

Isolé de tous les autres par des barrières naturelles, doué d'une fertilité extraordinaire (1), le sol de l'Egypte est privilégié entre tous.

---

(1) Pendant plusieurs siècles, l'Egypte fut le grenier des nations environnantes : quoique le sol fût naturellement stérile, il pouvait produire, grâce au débordement annuel, deux et trois récoltes par an.

L'Egypte n'avait pas de forêts, peu d'arbres à fruits, pas de vignes.

Le débordement du Nil, si utile à la culture des céréales, aurait détruit les fruits et les pâturages.

Il est amené par les pluies de l'Ethiopie. — Vers la fin de juin, le fleuve commence à monter, — vers la mi-août il atteint sa plus grande hauteur.

L'Egypte présente alors l'aspect d'une vaste mer — les villes sont des îles.

Les eaux diminuent ensuite graduellement.

Vers la fin de novembre, le fleuve est rentré dans son lit.

La vase que les eaux ont déposée sur le sol produit un riche engrais. — « Le sol, dit Hérodote, demandait si peu de culture que l'on se contentait le plus souvent de jeter la semence à la surface et de la faire fouler par les animaux. »

Dans certaines provinces, le bœuf, le mouton, la chèvre étaient considérés comme sacrés et ne servaient pas à la nourriture.

La chair de porc était déclarée immonde par la légis-

Par le golfe Persique et la mer des Indes des relations devaient nécessairement s'établir entre l'Orient asiatique et l'Orient africain.

Les riches produits de l'Asie méridionale arrivaient dans les ports de la mer Rouge.

La division de la nation en trois castes fut adoptée par les Egyptiens :

1° Les prêtres ;

2° Les guerriers;

3° Les laboureurs et les artisans.

Les terres étaient divisées en trois grandes portions :

La première était complètement exempte d'impôts; — elle appartenait aux prêtres ; — la seconde formait le domaine du souverain; — la troisième formait l'apanage des guerriers qui possédaient chacun envi-

---

lation égyptienne comme elle le fût par Moïse et par Mahomet.

Les individus qui élevaient ces animaux ne pouvaient se marier qu'entre eux : — on comprend facilement cette répulsion. — Dans tous les pays chauds, la viande de porc est un aliment anti-hygiénique. — Elle produit les maladies cutanées : — la lèpre n'a pas eu d'autre origine. — La race des chevaux égyptiens était remarquable : — ce sont les ancêtres des coursiers du Hedjaz.

ron douze aroures ou 32 hectares exempts de taxes et redevances. Le peuple ne pouvait rien posséder en toute propriété.

L'étude de la philosophie et de toutes les sciences a été poussée très loin par les sages de Memphis. La classe des guerriers et, naturellement, celle des laboureurs, n'étaient pas initiées à leurs mystères. — En réalité, ils gouvernaient le royaume; ils se servaient de la religion pour fortifier et sanctionner les lois conseillées par la politique. — Si la conservation de certains animaux était nécessaire au pays, ils en faisaient les représentants de la divinité, ou leur appliquaient la doctrine de la *transmigration* des âmes, afin de les rendre inviolables (1). — Toute la

_____

(1) Les Egyptiens croyaient à la *transmigration* des âmes ou métempsychose — (encore-dedans-âme).

Ils croyaient qu'à la mort d'un être humain, l'âme ne quittait pas le corps pour aller habiter les organes d'une brute avant qu'il eût commencé à se décomposer. — De là vint leur habitude d'*embaumer* les morts.

L'embaumement se composait de la réunion d'une certaine quantité de drogues et d'épices originaires de l'Inde. — On plaçait le corps dans une dissolution de salpêtre d'où on le retirait pour l'envelopper avec soin de toile imbibée d'une dissolution chimique que nous ne

science des prêtres égyptiens ne peut racheter leur conduite à l'égard de la classe déshéritée.

Les livres saints donnent au chef du gouvernement égyptien le titre de Pharaon (que Moïse écrit Phar'oh).

Dans l'origine, le gouvernement des Pharaons paraît avoir été assez modéré; ils observaient scru-

---

connaissons pas. — Ainsi préparés, éloignés du contact de l'air extérieur, les corps se conservaient pendant des milliers d'années. — Quelquefois, au milieu d'un joyeux festin, les convives se faisaient apporter les corps de leurs ancêtres sur la tête desquels on avait placé cette inscription : *Regardez-moi et réjouissez-vous, car vous serez tel que je suis quand vous serez mort.*

On pouvait déposer de l'argent en *donnant pour caution le corps embaumé de quelque parent.* — Un débiteur qui n'aurait pas acquitté une dette ainsi cautionnée aurait été déclaré infâme. — Avant d'être enterrés, les Egyptiens devaient passer devant un tribunal funéraire ; — si le tribunal jugeait que le trépassé avait agi indignement pendant sa vie, on lui refusait une place dans le lieu de sépulture de ses ancêtres. — Son âme était, par ce jugement infâmant, privée de l'entrée du ciel et la honte retombait sur sa famille. — Mourir endetté était un obstacle à la libre sépulture ; — on ne permettait l'enterrement que si les dettes étaient payées.

puleusement les lois de Ménès (1), le premier législateur de l'Eypte; — ils s'y soumettaient même avec bonheur, s'il faut en croire Diodore; — ils encourageaient l'agriculture. Mais le gouvernement des Pharaons devint ensuite l'un des plus absolus, des plus despotiques dont l'histoire ait gardé le souvenir.

Pendant vingt ans, un Pharaon força 300,000 de ses sujets à lui construire un tombeau gigantesque (2), dans lequel il finit par demander à n'être pas enterré, dans la crainte que la haine et l'exécration de ses sujets n'y vinssent troubler ses cendres.

———

Le tiers des terres formait le domaine royal, et les deux autres tiers appartenaient aux prêtres et aux guerriers. Les revenus du trésor royal étaient immenses.

———

(1) Le fond des lois de Ménès est emprunté aux Codes des lois Ethiopiennes.

(2) La longueur de la base quadratique de la grande pyramide est de 231 mètres, sa hauteur de 146 mètres 40 centimètres. Elle a dû être construite 3300 ans environ avant Jésus-Christ.

Mœris avait créé un lac auquel il donna son nom. — Il abandonna à sa femme, pour sa toilette, le revenu de ce lac qui s'élevait à deux millions de francs environ.

— On ne peut évaluer d'une manière certaine le revenu des rois d'Egypte. Callixène nous donne une idée de ce luxe effrayant en nous apprenant que la salle des festins des rois d'Egypte contenait la quantité incroyable d'environ deux cent cinquante mille kilogrammes d'or et d'argent en meubles, vases et ornements.

— Des richesses monstrueuses étaient entassées dans les palais et dans les temples, pendant que les laboureurs gémissaient sous le fardeau d'exactions sans nombre. Les guerriers possesseurs d'un tiers des terres les affermaient aux laboureurs de la dernière classe.

On avait établi dans différentes parties du royaume des greniers publics de prévoyance; — les fermiers devaient y déposer la plus grande partie de leurs moissons et de leurs autres récoltes.

Quand venaient les années de disette, on les forçait à racheter leurs grains à des prix exorbitants.

De plus, ces malheureux devaient acquitter tous les impôts; la taxe de la terre, seule, dépassait le cinquième du revenu foncier.

En un mot, terre classique du despotisme, où la propriété n'a jamais été divisée et a toujours été l'apanage des classes privilégiées, l'Egypte a présenté pendant bien des siècles le tableau d'un luxe monstrueux à côté d'une atroce misère, et quand les Romains se sont présentés, la conquête leur a été facile.

LA PROPRIÉTÉ EN JUDÉE

Moïse en délivrant les Hébreux du joug des Egyptiens, leur donna un Code de lois appropriées à leur nouvelle situation.

Une partie des lois qu'il établit, furent empruntées par lui au Code de Menès — Code en partie copié sur celui des Ethiopiens, lesquels avaient probablement adopté, comme nous l'avons déjà fait remarquer, les institutions des peuples établis sur l'immense région épargnée par le déluge.

Les lois et les statuts du Pentateuque ont été dictés par le désir de réunir des bandes encore nomades, de les attacher fortement au sol, de leur inspirer l'amour de la patrie (1).

Dès le principe, il destina à l'agriculture un certain nombre d'hommes qu'il put diriger à son gré, sans leur interdire ni l'industrie, ni le commerce.

Il reconnaît que la terre est une dépendance de l'être universel. Dieu nous y accorde une bienveillante hospitalité.

Il établit ensuite que le sol de l'Etat est le patrimoine du corps national (2).

Il ordonna le partage des terres par la voie du sort, selon le nombre des tribus et des habitants de chaque tribu.

Les habitants étrangers qui voulaient venir résider dans une tribu devaient recevoir une part de terre.

Moïse fit dresser le plan de chaque propriété.

Il ordonna le cadastre que nous avons obtenu

---

(1) Salvator : *Les Lois et les Institutions de Moïse.*
(2) Levit XXV. — 23.

si difficilement en France. Il n'y a pas lieu de s'étonner de voir Moïse connaître l'arpentage et la trigono-
métrie. Il avait été élevé par les prêtres égyptiens ; —
il avait été initié à toutes leurs sciences, et l'arpentage des terres était une de leurs fonctions principales.

Les prêtres égyptiens, nous dit Girard dans sa
Description de l'Egypte, conservaient avec soin un
livre sacré sur lequel était décrit le cours du Nil et
désignées les propriétés riveraines — C'était un
véritable *cadastre* dont ils étaient dépositaires, et
dont la nécessité devait se faire sentir en Egypte
plus que partout ailleurs. — Le débordement du Nil
effaçait chaque année les séparations des domaines,
et pour rendre à chacun son bien, de nouveaux travaux géodosiques devenaient nécessaires lorsque le
Nil était rentré dans son lit.

Moïse permit la transmission des propriétés, *mais
en la soumettant à des règles qui rendaient impossibles les agglomérations trop considérables.*

Un propriétaire ne pouvait pas disposer d'une
manière absolue du patrimoine que ses aïeux lui

avaient transmis, — il ne pouvait dans aucun cas empiéter sur les droits de ses descendants.

Quand un particulier désirait aliéner sa propriété, il était tenu de l'offrir, d'abord, à son plus proche parent. — Cette formalité constituait le droit lignager. — Si le proche parent refusait, il s'adressait à autrui, mais il conservait la faculté de rachat, pendant un certain nombre d'années, et après l'expiration de l'année jubilaire dont nous parlerons tout à l'heure.

L'effet de l'aliénation tombait donc ainsi de lui-même.

Une des grandes préoccupations du législateur des Hébreux, fut de prévenir l'agglomération excessive des propriétés.

La terre de Judée exigeait, en effet, le morcellement du sol et nécessitait la petite culture ; la terre excessivement fertile produisait en abondance du blé, de l'orge, du vin, des figues, des olives, du miel.

Les Hébreux avaient emprunté, en partie, aux Egyptiens et aux Phéniciens, leurs voisins, leurs méthodes agricoles, mais ils les perfectionnèrent.

2

Ils divisaient les collines en terrasses superposées, pour empêcher la terre végétale de descendre dans les vallées.

Ils connaissaient l'usage de la plupart des instruments aratoires : la charrue, traînée par des bœufs, le hoyau, la cognée, la fourche, la herse.

Ils avaient adopté un système d'engrais intelligent.

Leurs champs étaient, autant que possible, entourés de petits murs en pierres sèches. Moïse leur avait conseillé de pratiquer les *alternements* et les *diversités* de culture.

Il semble qu'il avait prévu le Phylloxéra (1).

———

Le système des baux et fermages se rapprochait de celui qui est encore en usage dans une grande partie de l'Europe.

———

(1) Il est certain que la diversité des cultures est un obstacle à la propagation des microbes. Le Phylloxéra, par exemple, ne se serait pas développé avec une rapidité aussi grande si les habitants des plaines du Languedoc ne lui avaient pas préparé un magnifique champ de culture, en arrachant les arbres, en ne conservant qu'une seule exploitation : celle de la vigne.

— Le métayer partageait les fruits, soit par moitié, soit dans toute autre proportion.

Quelquefois on stipulait que le propriétaire recevrait du locataire une quantité déterminée de produits.

Après la mort du chef de famille, les enfants mâles héritaient de la propriété foncière, les filles héritaient seulement à leur défaut.

Le législateur avait craint, surtout, la confusion au moment de l'époque jubilaire ; il n'avait pas voulu que des biens immobiliers fussent accordés aux femmes. — C'était le mari qui apportait la dot, — et de cette manière, le fonds primitif, c'est-à-dire l'héritage, était conservé dans la famille.

Dans les lois de Moïse, comme dans celles de l'Inde, de l'Egypte et dans celles de Zoroastre, *le droit de tester n'existe pas.*

Le testament n'apparaîtra en Asie que sous l'empire du droit talmudique et musulman.

LA PROPRIÉTÉ A TYR ET A CARTHAGE

Tyr, nous dit l'écriture sainte, était une ville joyeuse dont l'antiquité datait des anciens jours, dont les marchands étaient des princes, des grands de la terre. — « Tu as entassé l'or et l'argent dans tes tré-
« sors comme la poussière ou la boue des rues lors-
« que les vagues de tes mers sont mises en mouve-
« ment; tu nourris plusieurs peuples, tu enrichis les
« rois de la terre par la grandeur de tes richesses et
« de ton commerce. » — Tyr devait faire un com-
merce considérable avec la Judée, — Peuple de navigateurs et de commerçants, dont le territoire était peu étendu, les Phéniciens cultivaient leurs champs avec intelligence, mais leurs récoltes ne pouvaient suffire à leurs besoins — ils consommaient une partie du froment, de l'orge, du vin, de l'huile que la Judée produisait en abondance. — En revanche, les Tyriens apportaient du poisson et autres marchandises à Jérusalem.

Les Phéniciens ont, les premiers, connu l'usage de la monnaie, — et cela devait être ainsi : — le commerce a besoin d'une circulation active de numéraire.

Chez les marchands du temps d'Abraham, on ne connaissait en fait de monnaie que des *barres d'argent* revêtues d'une marque ou estampille.

La *navigation* et le *commerce* rendirent les Phéniciens riches et puissants. Sans autre guide que l'étoile polaire, ces hardis navigateurs franchirent les *Colonnes d'Hercule* (détroit de Gibraltar actuel) et s'aventurèrent sur l'Océan.

Peuple intelligent, audacieux, aventureux, les Phéniciens s'empressèrent de garantir la propriété, qui favorise le commerce, à un si haut degré, et donne à l'industrie l'assurance qu'elle pourra jouir en paix du fruit de ses efforts. — Malheureusement leur territoire était trop peu considérable, et facilement accessible : ils devinrent la proie d'un conquérant. — On a reproché aux Phéniciens d'avoir transporté sur leurs vaisseaux les troupes de Xerxès et de Darius qui devaient anéantir les républiques grecques. Ils avaient considéré ce transport comme une bonne opération commerciale.

Les Phéniciens fondèrent des colonies indépen-

dantes de la mère-patrie, sur les côtes de la Médi-
terranée.

La plus célèbre est Carthage. — Sa population
dépassa, dit-on, 700 mille habitants à l'époque de sa
splendeur. — Son territoire contenait 300 villes.

Les denrées dont ils approvisionnaient les autres
nations en abondance, semblent avoir été le blé, les
fruits de toute espèce, diverses sortes de comestibles,
des épices, de la cire, du miel, de l'huile, des peaux
d'animaux sauvages, productions qui toutes étaient
celles du sol (1). — Ils avaient établi des relations
commerciales, des *comptoirs*, en Egypte sur les côtes
de la mer Rouge, en Syrie et en Palestine; ils com-
merçaient, même, avec un peuple qui paraît les avoir
pris pour modèle: — les habitants d'une île appelée
alors Britania et aujourd'hui Angleterre. — Ils
visitaient régulièrement cette île; — ils en tiraient
de l'étain, des peaux et de la laine, — ils y laissaient
en échange, du sel, des poteries et des instruments de
cuivre.

---

(1) Gilbart. « Lectures à Waterford ».

L'agriculture a été la source principale de l'étonnante prospérité de cette colonie Phénicienne. — La propriété était morcelée sans exagération. Dans l'intérieur il existait, probablement, des lacs immenses qui permettaient un système intelligent d'irrigation. — Aujourd'hui ce sont des lacs de sable.

La population du territoire de Carthage était considérable. L'Etat envoyait régulièrement des colons au dehors et dirigeait avec soin leur établissement. — Ils devaient s'efforcer de concourir aux progrès de la colonie et, en même temps, faire prospérer les manufactures de la métropole en étendant ses relations commerciales.

Les Carthaginois avaient une grande considération pour la richesse, mais chez eux le désir de s'enrichir était toujours associé à des habitudes de prudence et d'économie.

Les hautes fonctions de l'Etat n'étaient accordées qu'aux citoyens pourvus de quelque fortune. — Si la richesse noblement acquise accompagne le talent, la valeur morale, il est certain qu'elle doit avoir une immense influence. — Un homme qui a su faire ses affaires doit savoir faire celles des autres.

LA PROPRIÉTÉ EN CHINE

Les Chinois, dont l'organisation sociale, la civilisation, le langage, paraissent antérieurs à la constitution des sociétés les plus anciennes et des nations les plus policées, ont toujours été un peuple d'agriculteurs.

L'immense territoire de cet empire plus grand, à lui seul, que l'Europe entière donne à ses habitants la production de toutes les latitudes. — La nature autant que le travail de l'homme y a organisé un système merveilleux d'irrigation.

Depuis Confucius, l'intérieur de la Chine n'a pas subi beaucoup de modifications. Le Chinois d'aujourd'hui, comme celui de l'antiquité, est jaloux de son lopin de terre. Il le cultive avec des soins infinis. Il produit sur un hectare plus que nous ne produisons sur cinq. Il gère et administre le sol avec l'exactitude la plus minutieuse: chaque village a son *li-tchoung* qui se préoccupe des intérêts de l'agriculture, surveille les routes, les digues, tranche les différends entre les propriétaires, arrête, répartit et perçoit l'impôt foncier, prend les dispositions requises en cas d'inondations, de sécheresse, d'incendie, et distribue des secours en cas de désastre; il punit les délits et remplit une foule d'autres fonctions encore.

Le *li-tchoung* veille à ce que chaque propriétaire cultive convenablement le sol qui lui appartient. Si une terre est exploitée d'après un système irrationnel, le *li-tchoung l'exproprie*, car il sauvegarde les intérêts de la richesse nationale, que nul ne doit léser par sa négligence (1).

La population dépasse 480 millions d'habitants. — Dans les villes elle est d'une densité extrême. — Elle surabonde dans les campagnes où les villages se touchent; — elle déborde sur les fleuves. — Les habitants tirent tout le parti possible du sol le plus fertile de la terre.

La Chine paraît avoir appliqué à la propriété foncière les régimes les plus divers. — Le sol a primitivement appartenu à une grande aristocratie. — Les terres ont été, plus tard, partagées entre les habitants, et l'esprit d'égalité a été poussé si loin que chaque propriétaire était forcé de cultiver *lui-même*,

---

(1) Général Turr : — « Le Péril Jaune », article dans la « *Semaine de Nice* ».

de ses propres mains, la parcelle qui lui était échue en partage, avec interdiction de l'*hypothéquer* ou de l'*aliéner*.

Un impôt unique, cette utopie si longtemps caressée en Europe, l'*impôt territorial*, pesait proportionnellement sur tous les propriétaires.

Sous la dynastie des *Tau*, vers la fin du viiie siècle, il fallut songer à établir de nouvelles taxes : l'impôt foncier était devenu insuffisant. Dès lors, dit M. Sacharoff (1), les contributions, au lieu d'être basées sur la capacité du travail et sur l'âge des habitants, ou sur la contenance de la terre, ne l'étaient plus que sur la propriété quelle que fût sa nature, et l'édit de 780 répartissait à cet effet le peuple entier en neuf classes, d'après la fortune. La liberté de l'industrie et la liberté d'aller et venir, suivirent comme conséquences.

Ce régime existe encore aujourd'hui en Chine.

Tout le système gouvernemental et administratif

(1) *Mémoires de la mission russe à Pékin.*

se trouve combiné, en théorie, au profit du développement numérique de la population et de la conservation du corps social.

Le respect de l'autorité dans les familles et dans l'Etat, une hiérarchie fortement organisée à tous les degrés, la liberté absolue de l'industrie, du commerce et de l'agriculture, la modération excessive des impôts, l'influence, l'instruction, voilà ce qui a préservé l'existence du peuple Chinois à travers tant de siècles, tant de dynasties dont on a la prétention de posséder la série chronologique depuis l'an 2600 avant J.-C.

L'agriculture du Chinois a toujours été et est comme plus intense que celle de la plupart des autres peuples, et c'est en Chine qu'on trouve le morcellement du sol le plus intelligent et le mieux compris (1).

---

(1) La France possède dans l'Indo Chine, en Cochinchine, au Tonkin, un admirable domaine dont nous ignorons encore toutes les richesses.

Il est impossible de prévoir le degré de prospérité que cet empire colonial pourra atteindre si nous savons en tirer parti, si nous créons des voies ferrées et des ports francs ; et, surtout, si nous n'écrasons pas d'impôts ces populations remplies de mansuétude et de bon vouloir.

LA PROPRIÉTÉ EN GRÈCE

D'après les traditions les plus anciennes, les premiers habitants de la Grèce étaient à moitié sauvages.

Des Egyptiens débarqués sur les côtes de l'Argolide, sous la conduite d'Inachus, apprirent aux Grecs à cultiver la terre, à la rendre fertile, à augmenter le nombre de leurs troupeaux. — Ces colons établirent chez les Grecs, le droit de propriété, la forme du gouvernement civil, et leur enseignèrent plusieurs arts utiles. — Dans un court espace de temps, l'Argolide, l'Arcadie, et les régions voisines changèrent complètement de face.

Trois mille ans plus tard, Cécrops, Cadmus et Danaüs amenèrent dans l'Attique, dans la Béotie et dans l'Argolide de nouvelles colonies d'Egyptiens et de Phéniciens.

Cécrops importa en Grèce la culture du blé et de l'olivier; — il fut le premier législateur des Grecs (1556 av. J.-C.).

La plupart de ses lois furent empruntées au code Egyptien.

Pendant longtemps les différentes peuplades de la Grèce goûtèrent toutes les jouissances de l'âge d'or; — mais en Grèce, comme chez tous les peuples primitifs, les tribus les plus puissantes voulurent opprimer les plus faibles. Les Doriens, à Sparte, formèrent une véritable nation souveraine. Les Eoliens et les Ioniens chassés du nord de la presqu'île vinrent chercher un asile à Athènes. Ils s'emparèrent des meilleures terres et reléguèrent les indigènes dans les montagnes.

D'après Aristote, Athènes, avant Solon, était la proie d'une oligarchie puissante, et Plutarque nous apprend que le même peuple était esclave des Eupatrides. — Les uns cultivaient les terres des riches et devaient aux propriétaires la sixième partie des récoltes; — les autres étaient forcés de livrer leur personne comme gage de leurs dettes. — Les débiteurs devenaient la propriété de leurs créanciers (1).

---

(1) PLUTARQUE, — *Solon.*

Solon, au commencement du sixième siècle, affranchit le peuple et constitua une véritable démocratie.

Il débarrassa les terres des hypothèques dont elles étaient grevées.

Diogène, de Laërte, raconte qu'il était dû sept talents à Solon, sur la succession de son père ; — il renonça à cette créance et pria ses concitoyens d'imiter son exemple.

— Quelques meneurs populaires avait rêvé, nous dit Plutarque, de mettre tous les héritages en commun. — Solon combattit énergiquement ces prétentions dont le résultat eût été la ruine de la nation.

— Il divisa le peuple en quatre classes, d'après le revenu des propriétés.

La première était composée des citoyens dont le revenu s'élevait à 500 médimnes : 480 francs ; — la seconde, celle des chevaliers : revenu 300 médimnes : 288 francs ; — la troisième, les Zengites : possédaient 208 médimnes ou 192 francs ; — la quatrième, les Thètes, n'avaient aucune propriété. — En réalité, la classe des Thètes formait la majeure partie du peuple et n'avait aucun accès aux fonctions publiques ;

— mais tous les citoyens avaient le droit d'élire des magistrats et de leur demander des comptes.

— Le plus difficile en matière de législation, dit Solon lui-même dans un distique que Plutarque nous a conservé, *c'est de contenter tout le monde.*

Solon savait bien qu'il ferait des mécontents, mais il chercha, avant tout, à concilier le droit individuel avec le droit social.

« — Je pourrais, dit-il (1), avec justice, invoquer le témoignage de la plus puissante des divinités de l'Olympe: la terre, mère de Saturne, de la surface de laquelle j'ai arraché les écriteaux qui y étaient placés de toutes parts; elle était esclave, elle est maintenant libre. »

« J'ai affranchi les Athéniens qui avaient été livrés à l'esclavage, dans le sein même de leur patrie et qui tremblaient devant leurs maîtres. »

. . . .

« J'ai écrit des lois pour punir le méchant, favoriser l'honnête homme et rendre à chacun une justice prompte. »

---

(1) ARISTIDE, tom. II, page 397.

Au moment où Solon promulgua son Code, l'usure dévorait les Athéniens, et la plupart des terres étaient hypothéquées.

Le système des hypothèques était alors beaucoup plus simple qu'il ne l'est aujourd'hui. On plaçait sur les terres hypothéquées des brandons ou panonceaux destinés à éviter toute fraude de la part du vendeur. C'était la publicité idéale de l'hypothèque.

———

Le territoire d'Athènes, stérile et maigre, ne pouvait nourrir une population de plus en plus nombreuse.

Solon s'efforça de donner à ses concitoyens le goût des métiers et des manufactures.

Une de ses lois déclarait que le fils ne serait point tenu de nourrir son père dans sa vieillesse, *sinon qu'il lui eût fait apprendre un métier en sa jeunesse.*

Il introduisit à Athènes le droit de tester dont, avant lui, nous n'avons trouvé la trace dans aucune législation.

Il s'occupa tout particulièrement de l'agriculture.

Il régla la distance qui devait être observée entre les arbres plantés dans deux champs contigus. — Cette distance devait être de cinq pieds pour les arbres ordinaires et de neuf pieds pour les oliviers et les figuiers.

Toutes les lois de Solon ne furent pas aussi heureuses. — On a blâmé la prohibition absolue qu'il décréta sur l'exportation de tous les produits, à la seule exception de l'huile.

Ne nous hâtons pas de le condamner.

L'industrie et le commerce d'Athènes étaient à leur début. Ils avaient besoin de protection.

Le libre-échange aurait produit probablement beaucoup de mal ; — d'ailleurs cette prohibition existait avant lui ; — il était défendu depuis bien longtemps d'exporter des figues ; et les délateurs qui dénonçaient les exportateurs étaient appelés des *sycophantes.*

Il fit tous ses efforts pour améliorer la condition des *gédéontes* ou laboureurs, et des éleveurs de bétail (1).

_____

(1) Un mouton valait alors un drachme (80 cent.). — Un médimne de blé (42 kil.) valait 2 drachmes. — Un bœuf valait 4 drachmes.

3

Aristocrate, fils d'Hipparque, assure que Lycurgue se rendit en Afrique, en Espagne, en Egypte pour y étudier les lois de ces différents peuples, et qu'il alla même jusqu'aux Indes pour conférer avec les gymnosophistes.

Il est permis de douter de cette assertion jusqu'à un certain point ; mais ce qui est certain, c'est que Lycurgue paraît s'être inspiré du Code égyptien en séparant les Lacédémoniens en plusieurs classes.

L'inégalité des fortunes était alors très grande à Sparte.

Quelques-uns, nous dit Plutarque, étaient si opulents qu'ils pouvaient tout. Le plus grand nombre étaient si pauvres qu'ils n'avaient pas un seul pouce de terrain.

Lycurgue voulut bannir et chasser de la ville l'envie, l'avarice, le luxe.

Il adopta une mesure très difficile à mettre en pratique: il décréta que toutes les terres, possessions et héritages seraient mis en commun et répartis entre eux également, de manière que nul ne possédât plus que l'autre.

Un chef de famille ne pouvait pas vendre une

portion quelconque de son terrain, de même qu'il ne pouvait faire l'acquisition d'aucune propriété foncière.

Il ne lui était pas permis de partager son bien; mais il pouvait le donner pendant sa vie et le léguer par testament.

L'aîné des enfants recueillait là succession comme l'aîné dans la maison royale montait de droit sur le trône.

Hérodote remarque que ces lois amenèrent une concentration excessive des propriétés, et que, de plus, les femmes devinrent propriétaires des deux tiers du sol, puisqu'un grand nombre d'entre elles demeurèrent uniques héritières. La population allait déjà en décroissant.

Le partage égal des biens est une utopie irréalisable, quelles que soient les nations et quelles que soient les époques; le résultat des lois de Lycurgue nous le prouverait facilement; il partagea le territoire de Sparte en neuf mille portions qu'il distribua

à un nombre égal de citoyens. C'était en l'an 866
avant l'ère chrétienne.

Eh bien! sous Agis (243 ans avant J.-C.) il ne
restait plus que 700 Spartiates naturels, et sur ces
700 individus 100 seulement avaient conservé leur
héritage.

En réalité, la législation de Lycurgue abolissait
la propriété privée : tous les citoyens partageaient le
même sort, se réunissaient à la même table, portaient
des vêtements semblables, étaient tous soumis au
régime du brouet noir. — Personne ne cherchait à
acquérir la fortune, puisque tout revenait à l'Etat :
c'était une sauvagerie réduite en système. — C'était
un peuple de soldats grossiers, aussi peu humains
pour leurs esclaves que peu sociables à l'égard de
leurs égaux. — Le vol était encouragé puisque le
voleur n'était puni que lorsqu'il était pris sur le fait.

Il est possible, comme le croit Montesquieu, que
Lycurgue, mêlant le larcin avec l'esprit de justice,
les sentiments les plus atroces avec la plus grande
vénération, ait pu donner à Sparte une certaine stabilité; mais nous ne pouvons que nous étonner de
la patience et de la philosophie d'un peuple auquel

on enlève toutes ses ressources, auquel on ne laisse
ni les arts, ni le commerce, ni l'argent, auquel il n'est
permis d'être ni enfant, ni mari, ni père (1), et dont
l'obéissance aux lois est si grande qu'il met de côté
les sentiments de pudeur commandés par la nature
elle-même.

Nous admettrons volontiers que ces institutions
aient pu mener à la victoire une poignée de guerriers
rompus au métier des armes, produire des Léonidas;
mais nous avouons que nous n'éprouvons aucune
admiration pour la législation sauvage de Lycurgue
et pour le peuple qui l'avait adoptée.

Platon et Aristote, qui se sont efforcé d'atteindre
le beau idéal dans la création de leurs républiques,
semblent avoir cherché, avant tout, à restreindre la

---

(1) Une matrone Spartiate demande à un soldat qui
revient d'une expédition si l'armée a été victorieuse :
« — Votre fils a été tué, répond brutalement le soldat. —
Je ne te parle pas de mon fils, dit l'excellente mère, je te
demande si nous avons vaincu. »

population, tandis que Moïse avait fait tous ses efforts pour en favoriser l'accroissement. L'amour de la famille, de l'ordre, de la propriété est le caractère distinctif des lois de Moïse, tandis que l'infanticide, l'avortement, l'exposition des enfants (1) étaient permis par les sept sages de la Grèce.

Aristote pose en principe qu'une république sagement réglée doit être composée d'un nombre limité de citoyens, et veut que l'étendue de son territoire soit borné.

Platon, dans sa république, ne veut que 5,040 citoyens.

Il est bon d'ailleurs de se faire une idée exacte de la population d'Athènes et de Sparte. — Athènes, du temps de Solon, ne comptait que 10,800 habitants, et ce nombre ne dépassa jamais 20,000 depuis l'époque de Périclès jusqu'à celle d'Alexandre (2).

La limitation du nombre des citoyens était la base

---

(1) Plutarque prétend qu'avant Solon les Athéniens vendaient leurs propres enfants. — Plaute, dans sa *Comédie de Perse*, affirme le fait.

(2) Athènes était située à trois kilomètres environ du port de Pyrée. Des murailles fortifiées, allant de la ville à la mer, assuraient sa libre communication avec son port.

des gouvernements de la Grèce, et particulierement des gouvernements républicains. — Platon et Aristote n'ont fait que copier les institutions qu'ils voyaient mettre en pratique tous les jours.

La plupart des lois grecques relatives au commerce, à l'agriculture et à l'industrie pourraient être critiquées avec raison.

Aristote, esprit vaste et profond, est le seul qui ait eu quelques idées d'économie sociale; mais il est, du reste, imbu de tous les préjugés politiques de son époque.

L'agriculture était abandonnée aux esclaves; elle était, par conséquent, fort négligée. Charète, Paros et Apollodore de Lemnos ont écrit sur la grande et sur la petite culture. — Il nous reste quelques notes de Hiéroclès et de Callicratidès. — Xénophon nous a laissé ses *Economiques*; Théophraste des données précieuses sur le système d'agriculture suivi dans toute la Grèce. — Ce système était essentiellement vicieux. — L'assolement était mal entendu. Ils avaient adopté des jachères biennales; — leurs engrais étaient insuffisants et mal préparés; la trop fréquente rotation du blé sur les mêmes terres épuisait rapidement le sol. Ils donnaient peu d'extension aux prairies artificielles et, par suite, élevaient peu de bétail; — leurs instruments aratoires étaient imparfaits et on ne cherchait pas à les perfectionner.

Au lieu d'encourager le commerce et les échanges avec les autres nations, ils défendaient l'exportation du blé, de la laine, des fruits (sauf les olives).

Si un Athénien se permettait de transporter du blé pour son compte ou celui d'autrui dans toute autre ville qu'Athènes, il était puni sévèrement; — s'il était dénoncé, le dénonciateur pouvait réclamer la moitié du blé. — Dans la crainte *d'accaparement*, il était défendu à tout citoyen de posséder une quantité de blé supérieure à celle que la loi avait fixée.

Une disposition très vicieuse de la législation ne permettait pas à un étranger de vendre des marchandises sur le marché, et de faire aucun commerce.

L'aréopage devait présenter de nombreux inconvénients. — Il s'enquérait des moyens d'existence de chacun et punissait ceux qui vivaient dans la paresse ou gaspillaient la fortune de leurs pères. Ce contrôle incessant devait être insupportable. — Il est vrai que tous les citoyens se jugeaient réciproquement à tour

de rôle, et ce grand nombre de juges (1) rendait difficile l'application stricte de la loi. — Un règlement
excellent avait été établi pour les avocats : — à côté
de chaque orateur on plaçait un vase en forme de
sablier rempli d'eau ; — au moment où l'avocat commençait sa plaidoirie l'eau commençait à couler. —
Quand l'eau cessait de couler, l'orateur devait cesser
de parler. — Ce système ingénieux mettait un frein
à la loquacité des avocats et simplifiait considérablement les affaires, tout en rendant la tâche du président de l'aréopage beaucoup plus facile. On pourrait
en faire l'essai dans les parlements modernes.

L'aréopage s'était acquis une très grande réputa-
tion d'intégrité. — il entendait et jugeait toutes les
causes pendant la nuit, dans l'obscurité la plus complète, de façon à ne jamais être influencé.

Le sol était morcelé, mais il l'était d'une manière
inintelligente.

Un partage égal des terres sera toujours une

---

(1) Pour une seule cause il y avait quelquefois deux
mille juges.

chose détestable, surtout dans un pays où l'agriculture est abandonnée à des esclaves : les améliorations sont impossibles.

Une nation ennemie du commerce et de l'industrie et qui abandonne à des esclaves la culture de la terre, est fatalement condamnée à une existence éphémère (1).

---

(1) Maître et esclave, tels étaient les deux points culminants et comme l'axe des sociétés anciennes. Mépris du travail considéré comme une marque d'abaissement, glorification de l'oisiveté, telle était la philosophie de ces sociétés.

A *Sparte*, l'agriculture elle-même était réputée indigne d'un homme libre ; à *Thèbes*, on n'admettait aux privilèges de citoyen l'homme qui avait exercé une profession laborieuse, que dix ans après qu'il avait cessé de l'exercer ; au sein de la démocratique *Athènes*, un orateur alla jusqu'à proposer un jour de déclarer esclaves publics tous les hommes qui s'étaient abaissés jusqu'à se faire artisans.

D'un côté, donc, l'homme relégué dans les rangs de l'animalité, sorte d'ustensile vivant enchaîné honteusement à son labeur, sans pouvoir en recueillir le prix et jamais sortir de son triste sort ; de l'autre, l'homme encore possédant son semblable et son frère comme un corps et une chose, *pouvant le tuer et le vendre sans condition ni merci*; le vendre surtout, car l'esclave était de toutes les denrées la plus échangeable, celle dont le débit était le plus sûr et l'achat le plus facile ; de toutes parts, enfin, une lèpre immense enveloppant et dévorant le corps social tout entier — tel est à grands traits le spectacle qu'offre à nos yeux le monde antique. (Emile Laurent — *Le Paupérisme*).

Elle peut enfanter des héros, gagner des batailles, créer des chefs-d'œuvre, s'illustrer en un mot par les armes, par la gloire, par les beaux-arts, mais cette ère brillante est passagère : tôt ou tard elle doit perdre son indépendance.

Athènes et Sparte se résignèrent assez facilement à subir le despotisme d'Alexandre, et plus tard celui des proconsuls romains.

La perte de la liberté fut peu sensible pour ces peuples amollis ; — ils se contentèrent de conserver la suprématie des lettres et des arts.

LA PROPRIÉTÉ DANS LES COLONIES GRECQUES

PROVINCE D'ASIE

La Grèce s'est illustrée plus encore peut-être par ses colonies que par elle-même. — Sur les côtes de l'Asie-Mineure et sur les rives du Pont Euxin, sur le littoral de l'Afrique, en Sicile et en Italie, dans les montagnes de la Thrace et jusque sur les plages lointaines de la Gaule et de l'Ibérie, les Grecs fondèrent des villes dont la plupart ont laissé dans l'histoire des traces glorieuses.

En Asie, la colonisation grecque se fondit avec la colonisation sémitique partie de Tyr, mère de la puissante Carthage.

La beauté du climat de l'Asie-Mineure, la ferti-lité de son sol devaient attirer des populations ani-mées de l'esprit d'aventure et souvent expatriées malgré elles par les troubles politiques si fréquents en Grèce.

Les îles voisines de l'Anatolie et de la Carama-nie, les plaines de Sardes, du Caïcus, de l'Hermus, du Caystre, se couvrirent bientôt de cités puissantes : — Milet, — Ephèse, — Samos, — Smyrne, — Tralles, — Rhodes, — dont les débris attestent encore la grandeur.

Les principes et les sentiments qui présidaient à la colonisation grecque étaient les meilleurs que jamais l'humanité ait pratiqués, et la civilisation la plus avancée n'en saurait imaginer de supérieurs ; ils se résumaient dans le nom de *métropole*, cité mère, mère patrie.

Les relations de la colonie avec la cité qui lui

avait donné naissance étaient conçues d'après les
rapports de la famille. — En s'éloignant du foyer
domestique, les enfants emportaient, avec les adieux
les bénédictions et les dons de leurs parents et de
leurs concitoyens, les dieux, les lois de leur patrie.
— Ils lui demandaient des chefs politiques, des prêtres, et, au jour des guerres, des généraux et des
secours. — Ils lui envoyaient annuellement les pré-
mices de leurs fruits et des députés pour prendre
part aux sacrifices religieux destinés à sceller l'unité
nationale autant qu'à honorer les dieux.

« Ainsi fondées sur la reconnaissance, sur la
solidarité des intérêts, autant que sur leur force propre, les colonies grecques n'étaient pas privées du
droit de libre et entier développement de leurs facul-
tés productives. L'hommage filial n'était ni un acte
de servitude ni un acte de vasselage : — *Elles se
gouvernaient et s'administraient elles-mêmes ;* — elles
battaient monnaie en leur nom, mais en maintenant
au revers le nom de la mère-patrie, en un mot, elles se
conduisaient comme maîtresses de leur destinée (1). »

---

(1) Jules Duval. — *Colonisation.* — *Dict. politique.*
— Maurice Block.

Ce système de colonisation explique le degré de prospérité atteint par ces colonies puissantes. Plus tard, malgré les exactions des Proconsuls Romains, elles devaient rester florissantes et assurer la subsistance de la populace oisive à laquelle les empereurs étaient tenus de fournir du pain et des distractions.

Si l'Italie devint inculte et ne put se suffire à elle-même, nous verrons plus tard que ce fut le résultat de l'agglomération exagérée de la propriété et de l'abandon de la culture aux esclaves : sans les colonies grecques, sans la Sicile et sans l'Afrique, la reine du monde fût morte de faim.

Le territoire de ces colonies était admirablement cultivé — les lois trop absolues de la métropole avaient été modifiées avec intelligence et le sol morcelé sans excès.

Aristote nous apprend que par la constitution d'Hippodamus à Milet, les artisans, les cultivateurs et les gens de guerre avaient un droit égal pour prétendre aux fonctions publiques. Tous les particu-

liers avaient, de même, quelle que fût leur condition,
le droit d'arriver aux magistratures. Dans les colonies
de la Phrygie et de la Mysie, à Pergame, à Tralles,
les artisans pouvaient prendre part aux délibérations
publiques.

Ces colonies n'avaient pas de trésor public,
d'*ærarium*, comme les Romains ; elles n'avaient pas
non plus de domaine particulier dont le revenu eût
été affecté aux dépenses de l'Etat.

Pour se procurer de l'argent, elles n'avaient que
deux moyens : *l'impôt et l'emprunt ;* et les emprunts
étaient toujours facilement réalisés, car leur crédit
était très grand.

On avait établi dans l'administration des finances de l'Etat, le contrôle le plus sévère (1).

Ces colonies avaient débuté par être de véritables
comptoirs de commerce. Elles augmentèrent leur
puissance en s'alliant avec les aborigènes et *grandi-
rent par la paix.*

---

(1) En fait de finances, un contrôle répété est toujours
une excellente chose. C'est l'établissement d'un contrôle
sérieux dans toutes les parties du service qui fait la force
de l'administration française.

Les Romains, au contraire, peuple exclusivement guerrier, voulurent *coloniser par la guerre*, et ce système vicieux devait leur être fatal. Il en sera de même pour toutes les nations qui ne laisseront pas leur autonomie aux aborigènes.

———

Grâce à leur excellente organisation, les colonies grecques purent acquitter facilement les tributs énormes perçus par les proconsuls romains et par les publicains, véritables fermiers généraux de l'époque (1).

Ces tributs consistaient en redevances fixes, en *capitation* sur les hommes et sur le bétail, en droits de douane et d'octroi, en péages, en *impôts sur les portes*, sur la vente du sel.

— Ces taxes étaient perçues sans modération aucune; — les proconsuls ne demandaient pas aux

———

(1) Les chevaliers romains prenaient à ferme pour cinq ans tous les revenus de la République et les louaient ou sous-louaient à des traitants ou sous-traitants.

peuples asservis seulement ce qu'ils *devaient donner*, mais *tout ce qu'ils pouvaient donner*.

Pour l'impôt indirect, dit Cicéron, c'était moins *l'imposition* que *le mode et la rigueur de l'exercice* qui excitaient des plaintes générales.

Les publicains forçaient les villes solidaires de la totalité des impôts à leur payer un intérêt de 48 %. — Les exactions se multipliaient, les proconsuls se succédaient et les exigences du nouvel arrivé dépassaient encore celles de son prédecesseur : — les Verrès étaient nombreux. — Mais l'Asie était si riche par la fécondité de ses champs, par le travail de ses habitants, par la variété de ses récoltes et la multiplicité des produits qu'elle livrait à l'exportation, qu'elle trouvait moyen de satisfaire l'avidité insatiable de ses tyrans.

LA PROPRIÉTÉ A ROME

A leur arrivée dans les campagnes italiques, les émigrants Latins n'y rencontrèrent pas, comme les

4

Brahmanes à leur arrivée dans l'Inde, une race moins civilisée qu'eux et propriétaire du sol.

Ils n'eurent pas à former des castes, comme les Brahmanes, les Egyptiens et les Grecs; — mais dès le commencement de Rome, il y eut deux catégories de citoyens. Romulus, auteur de cette distinction, sépara les citoyens pauvres et obscurs de ceux qui s'étaient rendus recommandables par leur mérite ou par leur fortune — il donna à ces derniers le nom de *patres* (pères).

Ses successeurs ajoutèrent de nouvelles familles à ce premier ordre et tous les descendants des *patres* furent appelés patriciens. — Ce fut la noblesse romaine. — Tout le reste du peuple prit le nom de Plébéiens.

Sous les rois et même sous la république, les Patriciens seuls possédèrent les charges et les dignités de l'Etat. Mais après bien des contestations et des débats, le peuple parvint à nommer des magistrats nommés *Tribuns* et sa puissance s'accrut considérablement.

Bientôt il n'y eut plus de distinctions entre les citoyens; tous pouvaient parvenir aux charges de la république.

La cité, la patrie était tout pour le Romain des grands jours. — Le fils obéissait au père, le père obéissait à l'Etat ; — grâce à cette discipline extrême, Rome, avec un gouvernement fondé sur le pouvoir populaire, put conquérir l'unité nationale et par cette unité puissante, arriver à la domination du monde.

———————

La campagne Latine était fertile, et le colon pouvait la cultiver facilement ; — c'était une terre éminemment disposée pour le morcellement.

Chaque maison avait son champ. — Les villages avaient leur territoire déterminé, et ce territoire, pendant longtemps, a été cultivé comme *champ patrimonial*, c'est-à-dire d'après la loi de la commune agraire.

Les terres arabes ou fauchables d'une colonie ou d'un municipe, étaient partagées en centinies ou carrés de 50, de 200, de 240 et même de 408 jugères ; la division de 200 jugères était la plus ordinaire.

Le reste du territoire, sous le nom de subsecivus ou excédant de la centinie, lorsqu'il contenait moins de 200 jugères, était attribué à la colonie ou réservé comme domaine public, pour les concessions futures (1).

Les Romains avaient un si grand respect pour la propriété, que la religion avait consacré le Terme et en avait fait un Dieu. — Les terres étaient mesurées et délimitées avec le plus grand soin; — une peine sévère était prononcée contre ceux qui, pour rendre la délimitation indécise, changeaient l'aspect des lieux (2).

La loi Massilia, rendue l'an 589 de Rome, consacre l'inviolabilité des limites, et fixe contre les transgressions une amende de 25,000 sesterces.

Le plus grand soin présidait à la pose et à la délimitation des limites. Ces opérations étaient faites par les *Agrimensores*.

Les propriétés étaient séparées par des bornes de couleurs variées; — elles portaient des inscriptions

(1) DUREAU DE LA MALLE. — *Econ. pol. des Romains*, p. 169-1.

(2) *Dig.* XLVII-XXI. 3, *de termino moto*. Denys d'Halycarnasse attribue à Numa la plantation des bornes et l'introduction de la fête du dieu Terme.

qui indiquaient le *nom du territoire, celui du possesseur, l'étendue de la terre* (1).

On choisissait autant que possible pour la cir-
conscription du territoire d'une cité ou d'une colonie,
des limites naturelles, telles que des cours d'eau, des
chaînes des collines, des montagnes, des lisières de
forêts, des routes; les points culminants servaient
de repères pour la *triangulation* et les *opérations géo-
désiques.*

Les agrimensores se servaient de la *machinola* ou
gnomon, décrit par Festus (2), instrument analogue
au *graphomètre* employé aujourd'hui pour le même
usage; — de là, leur qualification de *Mensores machi-
narii.*

Les arpentages et les plans faits par les particuliers, n'avaient pas d'autorité légale; — on devait
recourir au *cadastre officiel* conservé dans les archives
de l'Etat.

De même qu'à Athènes, il y avait un premier
cadastre général et un second cadastre foncier.

---

(1) *Siculus Flaccus*, cité par Dureau de la Malle.
(2) *Voc. Groma. rapp.* Dureau de la Malle.

On distinguait les plans du territoire tributaire ou communal, *ager vectigalis ou arcifinius*, de l'*ager immunis* ou territoire exempt d'impôts (1).

A partir de l'établissement des colonies de la république, les terres concédées furent partagées entre les colons d'après l'estimation de leur fertilité: *pro æstimio ubertatis* (2). L'impôt était payé en nature ou en argent, selon l'estimation de la valeur de la propriété.

Les mutations étaient inscrites avec autant de soin qu'on en avait mis à exécuter les travaux *d'arpentage*, de *délimitation de la valeur des propriétés*.

Les agrimensores, ou ingénieurs du cadastre, furent chargés de ce travail. Ils formaient une classe nombreuse et respectable et on les appella plus tard *spectabiles*. — On fixa pour leurs travaux un salaire convenable qui fut payé par le propriétaire (3).

---

(1) *Simpliciis de coloniis. Hyggius*, p. 198, cit. p. Dureau de la Melle.

(2) *Frontin de coloniis* (cit. Dureau de la Valle).

(3) DUREAU DE LA MALLE. — *Economie pol. des Romains*, p. 170, tome I.

Les premiers législateurs romains voulurent, avant tout, encourager l'agriculture; mais dans leur ignorance absolue des principes de l'économie politique, ils crurent arriver à leur but en enlevant à l'agriculture ses deux débouchés naturels : *le commerce et l'industrie.*

La propriété fut *morcelée,* autant que possible, et des lois sévères s'opposèrent à l'agglomération des parcelles.

Les législateurs avaient voulu maintenir la division du sol, rendre la petite culture indispensable afin d'augmenter les produits et de favoriser l'accroissement d'une population libre destinée à devenir une pépinière d'excellents guerriers.

L'exportation des produits était complétement interdite et le commerce était considéré comme dégradant.

Cette législation était profondément vicieuse, mais elle a eu le résultat qu'on en attendait : elle ne laissait aux citoyens Romains qne deux emplois : l'agriculture ou les armes. Elle produisit ces légions romaines qui devaient asservir le monde.

La politique guerrière et conquérante des Romains

s'appuyait surtout sur la propriété foncière. — Dans un Etat, les propriétaires forment la principale force de la nation : la constitution romaine avait surtout pour but d'en augmenter le nombre.

La grandeur romaine eut son assiette la plus inébranlable dans le droit absolu et immédiat du citoyen sur la terre et dans l'unité compacte de la forte et exclusive classe des laboureurs (1).

La contenance du domaine foncier primitif, de l'héritage (*hœredium*) ne comprenait que deux jugères, c'est-à-dire cinq ares quatres centiares ; — mais évidemment cette contenance trop modeste ne pouvait, quelle que fût l'habilité des paysans Romains, suffire à la nourriture d'une famille (2).

La production de la viande ou du laitage n'était pas l'objet d'une agriculture spéciale ou étendue ; — le paysan avait son petit bétail qu'il menait sur le

---

(1) THÉOD. MOMMSEN. — *Hist. Romaine.* Trad. Alexandre.

(2) M. Alexandre, dans sa remarquable traduction de Mommsen, évalue à 7 jugères (17 ares 64 cent,) la contenance du domaine nécessaire à un citoyen romain *(assiduus)* et croit que les héritages étaient en moyenne de 20 jugères.

pâturage commun. — Le cultivateur était infatigable : — il faisait labour sur labour. — Le champ
passait pour mal préparé quand les sillons n'étaient
pas assez serrés pour rendre le hersage inutile; —
cette culture, si intense qu'elle fût, n'était pas ration-
nelle (1); mais n'oublions pas que chaque village
avait un pâturage commun d'une certaine étendue.

* * *

Les femmes étaient incapables de disposer ; d'ordinaire on leur donnait un époux choisi dans la
même association de famille, afin que leur bien n'en
pût pas sortir.

*La loi ne mettait aucun obstacle à la libre division
des héritages.*

En abandonnant à la coutume et au bon sens des
habitants le soin d'empêcher le morcellement excessif
de la terre, le législateur avait agi fort sagement : les
domaines se maintinrent intacts, pour la plupart, ce
dont témoigne l'habitude longtemps maintenue de

---

(1) MOMMSEN *(op. cit.).* Trad. Alexandre.

leur donner le nom de leur possesseur primitif. —
Mais l'Etat les entama parfois d'une manière indi-
recte. — En créant des colonies nouvelles, il était
conduit à l'allotissement d'un certain nombre de nouveaux héritages, et souvent aussi en y amenant,
comme colons, de petits propriétaires, il introduisit
l'amodiation et le métayage parcellaire.

L'ancien système rural des Romains fait compren-
dre comment les grands propriétaires ont fondé une
aristocratie agricole et non point une noblesse urbaine.

Comme la funeste classe des intermédiaires et des
entrepreneurs de culture était alors inconnue, le propriétaire vivait attaché à la glèbe, autant que le paysan
ou le métayer : il voyait tout, mettait la main à tout
par lui-même, et ce devint un éloge ambitionné par
un citoyen riche que d'être appelé bon agronome. Il
avait sa maison sur ses terres ; en ville, il n'avait qu'un
logement où il se rendait à jour fixe pour vaquer à ses
affaires, et parfois, durant la canicule, pour y respirer
un air moins malsain.

Ces habitudes créèrent de bons et utiles rapports entre les grands et les petits et parèrent aux dangers inhérents à toutes les institutions aristocratiques (1).

Le partage des terres ne toucha point aux pâtures. — Elles restèrent à l'Etat et aux municipes. La jouissance des pâtures publiques était le privilège du citoyen.

Les premiers Romains n'ont point connu les aristocraties rivales de la terre et de l'argent; et les grands domainiers chez eux furent aussi de grands spéculateurs et des capitalistes (2).

―――――

Les principaux impôts établis par les Romains furent la taxe foncière sur les champs cultivés : *decuma*; la taxe sur les pâturages : *scriptura*; les taxes de douane ou d'octroi perçus à la porte des villes : *portorium*. Les terres du domaine public se nommaient tantôt *agri publici*, parce que la propriété

―――――

(1) MOMMSEN. — Trad. Alexandre. — Frank. Paris, 1863. — p. 270-271-272-273.
(2) MOMMSEN — page 273.

en appartenait à l'Etat, qui en recueillait directement les produits ; tantôt *vectigales*, parce qu'on en avait concédé la possession à des particuliers moyennant une redevance en nature appelée *vectigal*.

Les Romains ont prouvé, très souvent, nous l'avons déjà constaté, qu'ils n'avaient aucune notion d'économie politique. Le domaine public fut un des principaux vices de leur législation. Ils l'augmentaient en dépouillant les peuples de leur territoire, et le plus souvent, transformaient aussi en champs stériles des campagnes jusque-là fertiles.

Leur système d'impôts n'était pas plus rationnel. Ils avaient établi des douanes, des péages, aux ponts, aux ports, aux portes des villes, prohibé l'exportation des métaux, des céréales, des huiles, des vins, des figues.

Les monopoles continuels qu'exerçait le gouvernement sur la vente des denrées ont dû nécessairement borner la production des substances alimentaires et par suite entraver la marche et l'accroissement de la population (1).

---

(1) DUREAU DE LA MALLE. *Economie pol. des Romains.*

Avant tout les législateurs pensaient à la défense de la patrie — les peuples agriculteurs, vivant de la terre, tous propriétaires, se lèvent comme un seul homme pour la défense de leurs foyers. — On comprend donc facilement que, en Judée, en Grèce, à Rome, où, d'ailleurs, l'étendue des terres cultivées était peu considérable, le morcellement des propriétés était indispensable.

————

Tous les législateurs de l'antiquité, Minos, Lycurgue, Solon, Moïse, Romulus, ont établi des lois agraires et imposé des limites à l'agglomération de la propriété.

« Cela seul, dit Montesquieu, faisait un peuple
« puissant, c'est-à-dire une société bien réglée; —
« cela faisait aussi de bonnes armées, chacun ayant
« un intérêt égal à bien défendre sa patrie. L'agri-
« culture et la guerre y gagnèrent également. »

Ce fut le partage égal des terres sous Romulus qui rendit Rome capable de sortir de son abaissement.

Ce sont les lois agraires rendues sur la proposition de C. Licinius Stolo, l'an 387, qui l'ont conduite au plus haut degré de puissance et de prospérité.

Licinius, tribun du peuple, craignant que la propriété ne tendît à s'agglomérer trop facilement, fixa, par une loi, le nombre de jugères que chaque citoyen pouvait posséder. — Il fut décrété qu'à l'avenir nul ne pourrait posséder plus de cinq cents jugères de terre. — On devait distribuer gratuitement le surplus ou l'affermer aux citoyens pauvres. — Le nombre des troupeaux devait être aussi proportionné à la quantité de terre possédée. — Les plus riches ne pouvaient envoyer dans les pâturages publics plus de cent bêtes à cornes et cinq cents moutons : — un bœuf valait alors dix moutons (1).

La loi Licinienne fut observée jusqu'au temps de la vieillesse de Caton le Censeur. « Nous voudrions, « disait-il, posséder plus de cinq cents jugères de « terre et pouvoir nourrir un plus grand nombre de

---

(1) Il est bon de remarquer que cette loi agraire fut appliquée à son auteur lui-même : Licinius, convaincu de posséder mille jugères de terre, fut condamné à la requête de Popillius Lænas, consul plébéien.

« troupeaux..., mais on ne peut pas nous punir pour
« nos désirs (1). »

Les lois agraires, nous l'avons déjà dit, firent la
grandeur de Rome: — elles maintenaient la division
de la propriété, encourageaient l'agriculture et rete-
naient aux champs une population libre et vigou-
reuse.

Un article très sage de la loi Licinia obligeait les
propriétaires à employer des hommes libres à la
culture de leurs terres et limitait le nombre des
esclaves (2).

Les conquêtes des Romains introduisirent chez
eux des habitudes luxueuses et modifièrent complètement leurs mœurs.

L'ambition des grands augmenta avec leur richesse; — il fut bientôt question d'abroger les lois

---

(1) *Discours pour les Rhodiens*. (Aulu-Gelle.)
(2) Licinius emprunta la loi à laquelle il donna son
nom à Charondas, qui l'avait établie à Thurium. Aristote
nous apprend que ce législateur défendait de posséder au-
delà d'une certaine quantité de terre.

liciniennes: — celle qui défendait de posséder plus de cinq cents jugères de terre et qui prescrivait aux propriétaires d'employer des Italiens et des hommes libres pour la culture fut d'abord éludée frauduleusement. — Les riches acquirent des propriétés considérables sous des noms empruntés (1).

Les citoyens les plus influents se firent adjuger à vil prix de vastes portions de terres, passibles d'une location quinquennale et de baux emphytéotiques (2).

Les champs se remplirent d'esclaves. — La race italienne, usée et appauvrie, écrasée par le poids des impôts et de la guerre, diminuait tous les jours (3). — Les hommes libres des campagnes, pour échapper à tous ces maux se réfugièrent dans les villes où on était bien forcé de les nourrir.

Cet état de choses était le résultat de *l'agglomération exagérée des propriétés* que Licinius avait voulu prévenir.

---

(1) Dureau de la Malle, *Op. cit.*
(2) Hygoinus.
(3) Dureau de la Malle. — *Econ. polit. des Romains.* — *Opert. cit.*

Un jeune homme d'une illustre famille plébéienne, Tiberius Sempronius Gracchus, en se rendant, en l'an de Rome 617, à l'armée d'Espagne, où il venait d'être nommé questeur, traversa l'Etrurie.

Il fut frappé de l'aspect désolé de ce pays, célèbre autrefois par sa richesse (1).

La campagne lui parut déserte. S'il rencontrait des hommes, c'étaient des serfs ignorant le nom de leur maître, — travaillant sans activité sur une terre dont la fertilité ne devait pas améliorer leur sort.

L'impression que lui laissa ce sombre tableau ne s'effaça pas de sa mémoire. — Il revint à Rome déterminé à chercher un remède aux malheurs qu'il prévoyait. — Ce remède, c'était de faire revivre la loi agraire de Licinius.

Il communiqua son projet, nous apprend Plutarque, aux citoyens les plus recommandables de Rome. — Crassus, grand pontife, Mucius Scœvola, jurisconsulte, Appius Claudius, son beau-frère. Diophanès de Mitylène et Blossius de Cumes, ses maîtres, l'encouragèrent et lui offrirent leur concours.

---

(1) PLUT. — *Tib. Gracchus*, 8.

5

Gracchus voulait rendre à l'Italie cette population ibre et énergique qui disparaissait tous les jours (1).

Il faut avant tout, disait-il, que Rome ait des hommes, et nous n'avons que des esclaves. — Le peuple languit dans la misère qui l'avilit et le corrompt. — « *Autrefois, lorsque chaque citoyen avait son petit* « *champ, qu'il cultivait lui-même, les mœurs étaient* « *meilleures,* nos armées se recrutaient sans peine, « nous étions tous plus grands et plus heureux (2). »

Voici les principales dispositions de la loi Sempronia, ainsi nommée, suivant l'usage, du nom de son auteur et dont le but était de rétablir la classe des petits propriétaires :

Les dispositions de la loi Licinia relatives à la limitation de 500 jugères de terre pour chaque propriétaire, furent remises en vigueur, mais avec cette modification que les fils des propriétaires pouvaient, de leur chef, posséder 500 jugères de terre.

Les propriétés qui, par suite de l'évincement de leurs détenteurs, rentraient dans le domaine public,

---

(1) *Appien cib.*, 1·2.
(2) MÉRIMÉE — *Guerre sociale*, page 24.

devaient être cédées à bas prix aux pauvres plébéïens, par le soin de trois magistrats ou triumvirs chargés de juger toutes les affaires relatives au domaine public (1).

Les grands propriétaires, détenteurs de terres considérables, au mépris des lois, devaient se trouver heureux de n'être pas punis et même de recevoir une indemnité pour la perte de leurs biens; la loi Sempronia allait léser bien des intérêts, bouleverser bien des existences. — Comme le remarque judicieusement M. Mérimée, Tibérius était un homme de théorie et non de pratique. — La *longue possession équivaut souvent à la propriété*. — Une modification aussi radicale aurait au moins demandé des ménagements.

D'un autre côté, Tiberius ne s'était pas assez préoccupé des intérêts Italiotes: il n'avait songé qu'à ses concitoyens. — La philanthropie est une vertu nouvelle. — Les anciens n'avaient que du patriotisme (2).

Dans la loi Sempronia, comme dans la loi Licinia, on ne voit pas ce que Solon avait cru devoir

---

(1) *App. civ.*, 1-13. — *Plut.*, *Tib. Gracchus*, 10.
(2) MÉRIMÉE. — *Guerre sociale*, page 28.

prescrire pour assurer le *morcellement de la propriété :* *c'est-à-dire, l'égalité des partages dans les successions, la division égale et l'hérédité en ligne masculine et féminine, enfin la limitation du droit de tester.*

Les Romains ont préféré fonder la durée de leurs lois agraires sur l'inaliénabilité des propriétés foncières que de toucher à la puissance du père de famille.

———

Traversons rapidement cette effroyable guerre civile de soixante années, sombre époque des Marius, des Sylla, des Catilina.

Les riches et les pauvres, ceux qui possédaient tout et ceux qui ne possédaient rien, se sont déclaré une guerre à outrance ; — les proscriptions désolent l'empire ; les campagnes sont incultes, la guerre civile de l'an 71 à 73 avant Jésus-Christ, fit connaître tout le danger de faire dépendre la subsistance de la nation d'une population d'esclaves qu'on réduisait en même temps à la misère et au désespoir. — On distinguait, nous dit Columelle, les esclaves qui travaillaient sans liens, et ceux qui travaillaient enchaînés.

— Ces derniers, qu'on enfermait pendant la nuit dans des cachots, étaient, pour la plupart, des captifs faits à la guerre sur des nations barbares, tandis que les premiers étaient nés dans la maison de leur maître.

— Spartacus brisa ses fers, et une grande quantité d'esclaves répondirent à son appel.

Il fut vaincu par Pompée, et un nombre prodigieux de révoltés furent détruits; mais l'agriculture ne se releva pas.

Dans la crainte de se *donner des ennemis*, beaucoup de propriétaires n'osèrent confier la culture de leurs terres à des esclaves; ils préférèrent laisser leurs propriétés en friche.

Jules César revient des Gaules où il s'est couvert de gloire, comme plus tard un autre César devait revenir du fond de l'Egypte conquise.

L'heureux rival de Pompée s'est promis de faire

triompher l'ordre public et l'égalité sociale; — le Rubicon est franchi, — le succès couronne son audace.

La victoire de César sur Pompée, c'est la réaction des provinces contre la noblesse orgueilleuse de Rome.

Le conquérant des Gaules commence cette lutte que doivent continuer, après lui, en France, Hugues Capet, Louis XI et le grand Richelieu.

En même temps qu'il fait accorder le droit de cité romaine aux villes de la Gaule Transpadane, il réforme toute la législation; — il veut un Code uniforme dans tout l'empire; — il veut régénérer une société vieillie, corrompue, et n'admettre d'autre aristocratie que celle du mérite.

Ne nous y trompons pas, le poignard de la noblesse personnifiée dans Brutus, ne frappa pas un Empereur, elle frappa l'adversaire de ses privilèges, le chef de la démocratie romaine.

Brutus était républicain; — mais l'aristocratie seule, était alors républicaine. — Le peuple aimait César, parce qu'il savait que César était partisan de l'égalité des droits.

« Alexandre a su se conquérir le monde, dit Auguste, à la mort de César; il faut que je sache maintenant le gouverner. »

Il songea à établir un gouvernement capable de plaire à tous, aristocratique par rapport au civil et monarchique, par rapport au militaire : gouvernement ambigu qui, n'étant pas soutenu par ses propres forces, ne pouvait subsister que s'il plaisait au monarque, et était entièrement monarchique par conséquent (1).

Habile, dissimulé, persévérant, sachant se plier aux circonstances, accorder pour reprendre ensuite, embrasser ses ennemis pour mieux les étouffer, possédant à la fois les qualités de l'Italien et de l'Athénien, Auguste sut, en effet, gouverner pendant 44 années cet étrange mélange de toutes les nations.

Dès son arrivée au pouvoir il n'eut qu'un but : se préparer une longue carrière et mourir tranquillement.

— Après la mort de César, il suivit, il est vrai, l'exemple d'Antoine et de Lépidus, il dépouilla un

---

(1) *Grandeur et décadence des Romains* (MONTESQUIEU).

grand nombre de malheureux citoyens pour donner leurs biens à ses partisans (1).

Mais, Auguste reconnut bientôt le mauvais effet produit par ces distributions de terres que l'on faisait depuis Sylla.

La propriété des biens des citoyens était rendue incertaine.

Si les soldats d'une cohorte n'étaient pas réunis dans le même lieu, ils se dégoûtaient de leur établissement, laissaient leurs terres incultes et devenaient de dangereux citoyens (2).

Si on les distribuait par légions, les ambitieux pouvaient trouver contre la République des armées dans un moment.

Pour remédier à cet état de choses, il rendit les corps de légions éternels, les plaça sur les frontières, établit des fonds particuliers pour les payer, et ordonna qu'à l'avenir les vétérans recevraient la récompense de leurs bons services en argent et non pas en terres (Tacite. *Annales*).

---

(1) Virgile.

(2) Montesquieu. — *Grandeur et décadence des Romains.*

Le monde était fatigué d'anarchie : on avait soif de sécurité plutôt que de liberté; — on voulait le bien-être matériel et moral.

L'excès des impôts avait été poussé si loin, qu'il aurait amené fatalement la suppression de la propriété (1).

---

(1) Les revenus publics se composaient d'impôts qui furent tellement multipliés que tout, dit Suétone, était sujet au tribut.

On percevait l'impôt foncier (*vectigal*).

Les droits d'entrée et de sortie des marchandises (*portoria*).

Les dîmes sur toutes les denrées (*Decumœ*), c'était le 40° ou le 50° de la valeur.

Les dîmes sur les pains (*Decumœ frumenti*).

Un droit sur le grenier public (*horrea*).

L'impôt sur le transport des pains (*invectio frumenti*).

L'impôt sur les pâturages.

La capitation (*capitatio*).

Les taxes particulières (*invictiones*).

L'impôt sur la viande (*vectigal macelli*).

L'impôt sur le sel (*salinarum vectigal*).

L'impôt du quarantième sur les procès (*quadragesima litium*).

L'impôt du huitième sur toutes les marchandises (*vectigal octavarum*).

L'impôt du quint sur les pépinières (*quinta ex arboretis et plantariis*).

L'impôt du vingtième sur les affranchissements (*vicesima manumissionum*).

A mesure qu'Auguste consolide sa puissance, la valeur des propriétés immobilières augmente considérablement. Il exempte Rome et l'Italie du service militaire, et s'efforce d'envoyer dans les colonies le trop plein de la population romaine. — Il se voyait

---

L'impôt du vingtième sur les successions (*vicesima hæreditatum*).

L'impôt du vingt-cinquième sur les ventes de choses (*vicesima quinta venalium mancipiorum*).

L'impôt du centième sur toutes les ventes (*centesima rerum venalium*).

Vectigal urinæ et stercoris.

L'impôt sur les legs entre époux (*decima hæreditatum*).

L'impôt sur le vin.

L'impôt sur les céréales.

L'impôt sur certains métiers.

L'impôt sur les mariages.

La taxe sur les apprentissages (*tirocinium*).

L'impôt sur les transports par eau et sur la pêche.

L'impôt sur la prostitution

L'impôt sur les mines.

L'impôt sur le sol de certaines maisons (*solarium*).

L'impôt sur les sépultures.

Un droit de péage appelé : *ædilitium vectigal.*

Une espèce de taxe des pauvres.

Un impôt sur les marchandises appelé : *siliquarium.*

Un impôt sur les concessions de privilèges ou monopoles (*monopolium*).

Et enfin l'impôt appelé : *vectigal fumi, umbræ et aëris.*

Cet impôt sur l'ombrage des arbres et l'air respirable devait être d'une perception difficile.

avec crainte sous la dépendance d'une population avide, vénale et corrompue; mais elle se trouvait trop bien à Rome. Un petit nombre seulement s'éloigna. Auguste en prit son parti, et sut se faire adorer de cette plèbe, en quadruplant les distributions de blé, d'huile et de viande (1), et en réunissant à Rome des bandes d'histrions joyeux, en multipliant les combats de gladiateurs et d'animaux féroces, les naumachies, les courses de chars.

Tout le monde eut soif de jouissances et de plaisirs

Les esprits les plus distingués, Horace le premier, adoptèrent facilement les théories d'Epicure (2).

Les stoïciens, pour concilier le dogme de la liberté humaine avec la nécessité, disaient que, pour rester libre, l'homme n'avait qu'à vouloir ce que la nécessité commande, dogme fort peu rationnel, comme le remarque avec raison M. Giraud (3).

---

(1) Malgré tant de profusions, le peuple de Rome était pauvre. Comment ne pouvait-il l'être ? Sans industrie, sans activité, il aimait le luxe et la mollesse. Tel est le sort des nations qui n'ont plus de lien social. (NAUDET).

(2) Il en fut de même en France sous le Directoire.

(3) GIRAUD. — *Histoire du droit romain*, page 255.

La législation d'Auguste est peut-être la plus importante du droit romain après celle des douze tables.

La guerre civile avait épuisé la République d'hommes et d'argent ; il s'efforça de fermer ces plaies en encourageant le mariage, en accordant des privilèges aux citoyens mariés et pères de famille.

Dans la loi Julia et la loi Papia, il traita de la validité et des empêchements du mariage, des fiançailles, du concubinat, du divorce, de la capacité de recevoir entre époux, et enfin, d'une foule d'avantages accordés aux pères de famille sur les célibataires dont le principal était l'incapacité de ces derniers de recevoir par testament, et la délation aux premiers des dispositions ainsi devenues caduques.

Il créa le droit de quasi-usufruit sur les choses fongibles, affranchit le militaire de la crainte d'exhérédation paternelle ; organisa le système des *fidei commis* et des codiciles, donna aux militaires et fils de familles, la faculté de disposer par testament ce qu'ils avaient acquis à la guerre (1).

---

(1) Huao. — *Histoire du droit romain.*

Par la loi Julia, les dots furent rendues inaliénables, mais les mutations de propriétés furent facilitées.

Le droit de tester subit des modifications importantes. — Les incapacités de recevoir furent étendues par la loi Papia.

La loi régla d'une manière précise, l'ouverture et la description des testaments.

Le système administratif, établi par Auguste, adopté et perfectionné par ses successeurs, jusqu'à Dioclétien, fut, il faut l'avouer, admirablement conçu.

On vit s'étendre sur le monde romain, un réseau de fonctionnaires hiérarchiquement distribués, bien liés, soit entre eux, soit à la cour impériale, et uniquement appliqués à faire passer dans la société la volonté du pouvoir, dans le pouvoir les tributs et les forces de la société.

« Et non seulement, ce système réussit à rallier,
« à contenir ensemble les éléments du monde romain
« mais l'idée du despotisme, du pouvoir central, péné·
« tra dans les esprits, avec une facilité singulière.
« On est étonné de voir, dans cette collection mal
« unie de petites républiques, dans cette association
« de municipalités, prévaloir rapidement le respect

« de la majesté impériale unique, auguste, sacrée. Il
« fallait que la nécessité d'établir quelques liens entre
« toutes ces parties du monde romain, fût bien puis-
« sante, pour que les croyances et presque tous les
« sentiments du despotisme trouvassent dans les
« esprits un si facile accès.

« C'est avec ces croyances, avec son organisation
« administrative et le système d'organisation mili-
« taire qui y était joint, que l'Empire romain a
« lutté contre la dissolution qui le travaillait inté-
« rieurement, et contre l'invasion des barbares (1). »

En résumé, Auguste *enraya* pendant 44 années
le mouvement de décadence, commencé par la guerre
sociale. — Par sa modération et son habileté, il sut
gagner tous les cœurs, et se faire pardonner son
usurpation.

Devons-nous croire qu'il considérait la vie comme
un drame ou une comédie plus ou moins spirituelle ?

---

(1) Guizot. — *Histoire de la civilisation en Europe*,
page 17.

Nous sommes arrivés à l'époque des Tibère, des Caligula et des Néron.

La fiscalité des empereurs engouffre toutes les richesses des provinces; les exactions sont devenues intolérables. — La propriété n'est plus qu'une chose onéreuse. — Les principaux propriétaires, les curiales sont rendus solidaires de la rentrée des impôts (1).

Ils veulent échapper à leurs dignités par tous les moyens, mais la législation les retient dans la curie par une disposition qui rend leurs honneurs obligatoires.

L'esclavage volontaire est le seul abri qu'on ne puisse leur enlever, et plusieurs préfèrent la vie animale de l'esclave à la responsabilité tourmentée des honneurs municipaux. Les citoyens poursuivis par les traitants, n'avaient, dit Salvien (2), d'autres ressources que de se réfugier chez les barbares, ou de donner leur liberté au premier qui la voulait prendre. Une fois que la propriété eût été supprimée par les excès des impôts, l'empire romain n'eut plus, pour le

---

(1) BATBIE. — *Cours d'économie politique.*
(2) *De gubernatione Dei.* — Salvien.

défendre, une population de citoyens propriétaires intéressés à sa durée. — Il se soutint pendant quelque temps par la force inhérente à toute organisation régulière; mais, peu à peu, la vie se retira, et lorsque les barbares se ruèrent, comme des oiseaux de proie, sur ce gigantesque corps politique, ils n'eurent pas à le tuer, car il était mort de lui-même, à la suite des excès de fiscalité qui avaient ruiné son tempérament économique.

« Ce n'est pas la fortune qui domine le monde:
« on peut le demander aux Romains, qui eurent une
« suite continuelle de prospérités, quand ils se gou-
« vernèrent sur un certain plan, et une suite non
« interrompue de revers, lorsqu'ils se conduisirent
« sur un autre.

« Il y a des causes générales, soit morales, soit
« physiques, qui agissent dans chaque monarchie,
« l'élèvent, la maintiennent ou la précipitent; tous
« les accidents sont soumis à ces causes; et si le ha-
« sard d'une bataille, c'est-à-dire une cause particu-
« lière a ruiné un Etat, il y avait une cause géné-
« rale, qui faisait que cet Etat devait périr par
« une seule bataille; — en un mot, l'allure princi-

« pale, entraîne avec elle tous les accidents particu-
« liers (1). »

Les Romains ont commencé par être un peuple
de petits propriétaires. — Tant que leurs lois ont facilité le morcellement rationnel du sol, tant qu'ils ont
été attachés à la terre, par les liens de la famille, ils
ont été invincibles. L'agglomération exagérée des
terres, la culture par les esclaves, amena dans Rome une
population qu'il fallait nourrir et endormir dans les
plaisirs. On vit, comme nous l'avons fait remarquer
plus haut, des fortunes immenses à côté d'une misère
extrême.

LA PROPRIÉTÉ CHEZ LES GAULOIS

Cette antique et formidable race des Gaulois qui
avait fait trembler la Grèce et l'Italie n'opposa qu'une
faible résistance aux légions de César et aux barbares du Nord.

---

(1) Montesquieu. *Grandeur et décadence des Romains.*

Deux classes privilégiées, celle des druides ou prêtres, et celle des nobles ou chevaliers, avaient réduit la troisième, c'est-à-dire celle des agriculteurs, en esclavage.

Quand l'heure de l'invasion arriva, elles se trouvèrent isolées.

César nous représente la plèbe gauloise comme un peuple abject, n'ayant ni le droit de délibération, ni le droit de suffrage, soumis aux grands de la cité, ne jouissant que d'une existence civile absolument passive et précaire.

Salvien emploie des couleurs encore plus sombres :

« Ceux qui n'ont pas d'appui, dit-il (1), ont « recours aux grands pour en être protégés.

« Ils se reconnaissent leurs sujets et deviennent « en quelque sorte une portion de leur propriété.

« — Ce ne serait pas un mal, je louerais même la « générosité des grands, s'ils ne vendaient pas leur « protection, si c'était l'humanité plutôt que la « cupidité qui ouvrît son sein et ses bras aux mal-

_____

(1) Salvien. — *De gubernat. Dei.*

« heureux qui les implorent; mais je ne saurais les
« excuser de n'accueillir le pauvre que pour lui
« enlever le reste de sa dépouille, et de ne défendre
« les intérêts du misérable que pour le rendre plus
« misérable encore; car tous ceux qui entrent sous
« leur protection leur livrent presque tous leurs
« biens avant d'être protégés. »

Le peuple achetait la protection des grands au
prix de sa liberté. — La classe pauvre devint la
clientèle de la classe puissante; — cette clientèle
fut volontaire à l'origine, mais elle devint bientôt
héréditaire et donna aux riches, sur les laboureurs de
leurs propriétés, tous les droits du maître sur l'esclave.

Les terres des nobles étaient ce qu'on appela
plus tard des *francs-alleux*, — elles n'étaient assu-
jetties à rien, — mais leurs propriétaires devaient
subvenir aux frais des guerres.

Les druides jouissaient de l'immunité la plus
complète, — leurs terres étaient tout à fait *libres*.

Ils ne contribuaient ni au service militaire ni à
l'entretien des troupes (1).

---

(1) César.

César trouva dans Vercingétorix un glorieux champion de l'indépendance gauloise. — S'il avait rencontré dans le reste des Gaules une résistance semblable à celle des montagnards Arvernes, il n'aurait pas ramené une seule légion en Italie ; — mais l'amour de la patrie et de l'indépendance ne survit pas à l'esclavage. — L'exemple des Arvernes ne fut pas suivi par tous les Gaulois.

Les Romains, possesseurs des Gaules pendant cinq ans, s'approprièrent une grande quantité de terres. — Ils imposèrent aux vaincus une partie de leur législation et surtout leur système fiscal, — cette « *monstrueuse machine* », dit Montaigne.

Pressurés par les publicains, les malheureux paysans gaulois furent réduits à regretter la tyrannie de leurs anciens chefs.

Bientôt la terre n'enfanta plus de quoi dédommager des dépenses de la culture. — Ces plaines fécondes, ces riches vallées, se transformèrent en marais. Le laboureur se refusait à un travail dont le fisc eût dévoré tout le produit.

On vit le paysan si avide de la terre, la répudier et s'empresser de ne rien posséder, désireux avant tout de ne rien payer.

En vain les empereurs l'offrent tantôt aux Romains, tantôt aux anciens possesseurs, bientôt même aux barbares ; elle reste déserte et inculte. Par crainte du fisc, — personne ne veut de ces largesses intéressées, sachant bien qu'une ruine certaine et de cruelles tortures attendent l'imprudent qui les accepterait. Les intendants de province, à bout de ressources, en vinrent jusqu'à contraindre les laboureurs à acheter des terres du domaine public, qu'ils étaient cependant bien empêchés par leur misère, de pouvoir mettre en rapport (1).

Une multitude infinie de droits iniques autant que vexatoires pleuvaient sur ces propriétaires, malgré eux ; — le soleil lui-même payait l'impôt: le *solarium (taxe sur l'ombre donnée par les platanes)* « Ainsi, disait Pline avec une généreuse amertume, « nous faisons payer aux nations l'ombre même dont « elles jouissent. » — *(Hist. nat. XII)*.

---

(1) LEHUÉRON. — I, 134. — Ordonnances XIX.

Le fouet et la torture activaient le recouvrement de l'impôt.

Les empereurs eux-mêmes étaient impuissants à réprimer la rapacité de leurs agents ; ils parlaient de trop loin à des coupables trop riches pour n'être pas certains d'acheter l'impunité (1).

———

Mais pendant que la société romaine s'endormait indifférente et blasée, une voix s'éleva du fond de la Palestine, et prononça ces paroles qui devaient régénérer le monde :

« *Vous n'êtes tous qu'un corps et qu'un esprit, comme vous avez tous été appelés à la même espérance. — Vous êtes tous égaux en Jésus-Christ.* »

C'est au milieu du II* siècle de notre ère, que des prêtres, partis de l'Asie-Mineure sous la conduite de Potin et d'Irénée, arrivèrent dans les Gaules pour enseigner la religion du Christ à ces populations asservies, dépouillées, affamées.

———

(1) BONNEMÈRES. — *Histoire des Paysans.*

La persécution commença bientôt. — Les chrétiens cherchaient un refuge au fond des forêts où les
décurions furent chargés de leur donner la chasse; —
mais, la parole du Christ avait transformé les paysans
gaulois: d'esclaves elle en avait fait des hommes. —
Les martyrs se retournèrent contre leurs bourreaux;
— les *Bagaudes* (1) firent trembler les sbires de Dioclétien.

« — Dépouillés, tourmentés, égorgés par des
« justiciers iniques et cruels, après avoir été privés
« du droit de liberté romaine, ils ont perdu jus-
« qu'à l'honneur du nom Romain. — Et nous leur
« imputons leurs malheurs, nous leur reprochons
« même le nom de leur infortune, nom que nous
« avons créé nous-mêmes. Nous les appelons rebelles,
« hommes perdus, eux que nous avons forcés d'être
« criminels.

« Quelles sont les causes qui les ont formés en
« *Bagaudes* si ce ne sont nos *iniquités, si ce n'est*
« *l'improbité* de nos justiciers, leurs proscriptions et
« leurs rapines ; les extorsions qu'ils ont faites à

_____

(1) Du vieux mot celtique *Bagad*.

« leur profit particulier, sous le nom de perceptions
« publiques, et leurs déprédations, qu'ils ont conver-
« ties en impôts légitimes.

« Ils n'ont pas gouverné les hommes remis à
« leur l'autorité; mais, à l'exemple des bêtes féroces,
« ils les ont dévorés; ils ne se sont pas contentés de
« les dépouiller comme font les voleurs, mais il les
« ont déchirés, et, pour ainsi dire, se sont nourris
« de leur sang; c'est ainsi qu'il est arrivé que ces
« hommes opprimés et périssant sous le brigandage
« des justiciers, sont devenus barbares, puisqu'il ne
« leur était pas permis d'être Romains..... Où et
« chez qui, si ce n'est dans les provinces romaines,
« rencontrerait-on de pareilles misères ?

« Où trouver des exemples d'une injustice égale
« à la nôtre ?

« *Les Francs sont innocents de pareils crimes*, les
« Huns ne commettent pas de semblables forfaits. —
(SALVIEN). »

Quelques empereurs: Claude, Aurélien, Probus,
travaillèrent à comprimer l'insurrection des Bagaudes; ils allégèrent les impôts qui pesaient sur les
habitants des campagnes, et révoquèrent toutes les

restrictions qui empêchaient la culture de la vigne (1).

L'avènement de Dioclétien fut le signal d'une terrible persécution et d'une bagaude générale dont les chefs étaient chrétiens.

***

La propriété rurale et le morcellement du sol en France depuis la conquête des Gaules par les Romains et les invasions des Germains.

Les Germains avaient peu d'attachement pour la propriété individuelle ; chaque année, nous apprend César, la possession changeait entre leurs mains ; ils n'avaient aucun intérêt à augmenter la fertilité des terres que leurs chefs leur distribuaient annuellement.

Les forêts, les landes, les prairies, les marais formaient la propriété commune de chaque tribu.

— Ils avaient des esclaves, mais c'étaient de véritables fermiers qui leur remettaient chaque année

(1) E. Bonnemère. — *Op. cit.*

une quantité déterminée de grains, bétail et vêtements (1).

Les Germains, ou plutôt une nation germaine,
les Francs, primitivement établis entre le Rhin et le
Weser, attirés par les pâturages des Gaules, en même
temps que par son climat, se rendirent maîtres facilement d'une contrée dévastée par les Romains et
par les barbares.

Les terres qu'ils s'approprièrent furent appelées
terres saliques, et celles qu'ils laissèrent aux aborigènes, *alleux*.

Clovis réunit sous sa domination les diverses tribus des Francs, il chassa les Visigoths de la plus
grande partie des Gaules, et se trouva possesseur
d'une immense étendue de terres qui formaient les
bénéfices des *ducs*, des *comtes*, des *centeniers*, des
dixainiers.

Rien de plus troublé que l'Occident depuis la
dissolution de l'empire des Césars jusqu'à Charlemagne, rien de plus triste que la situation de la propriété. — Les domaines étaient divisés en « *terres*

---

(1) E. BONNEMÈRE. — *Op. cit.*

franches », en « *terres tributaires* », en « *terres seigneuriales* », et en terres serviles.

Ils contenaient des « *aleux* », des « *bénéfices* »
ou *fiefs* et des « *tenures* » (1).

Les propriétés « *allodiales* » étaient entièrement
libres. — Les propriétés bénéficiaires étaient soumises
à certaines obligations. — Mais nous ignorons si les
« *bénéfices* » devenaient héréditaires.

« Rien n'est stable, à cette époque, partout se fait
sentir la transition laborieuse de la vie errante à la
vie sédentaire, des relations personnelles aux relations
combinées des hommes et des propriétés, ou relations
réelles; dans cette transition tout est confus, désor-
donné. » (2)

Maître de la Gaule, de l'Italie, de la Germanie,
Charlemagne reçut, à la fois, les hommages du duc

---

(1) Les tenures étaient possédées par des personnes
libres qui prenaient le nom de vassaux ou concédées à des
serfs, à des colons et s'appelaient alors « *colonies* ».
    Paul Lacroix. — Mœurs et usages du moyen-âge.
(2) Guizot. — De la civilisation en France.

des Basques, du roi des Asturies et des chefs des clans irlandais, pendant que les seigneurs bysantins traitaient avec lui de puissance à puissance, et que le calife Aarounal-Raschid lui envoyait les clefs du Saint-Sépulcre (1).

L'idée dominante de Charlemagne a été de civiliser ses peuples, d'introduire de l'ordre, de l'unité dans l'administration des contrées soumises à ses lois.

Il envoie de tous côtés des délégués, des *missi dominici,* de véritables inspecteurs généraux, chargés de tout observer, de faire des enquêtes, de lui rendre compte de leurs observations.

Les *missi dominici* n'inspectaient pas seulement l'état des provinces, ils pénétraient dans l'intérieur des domaines *concédés* comme dans les terres libres; — ils étaient investis du droit de réformer les abus, surveillaient l'administration des ducs, des comtes, des centeniers, des *scabini,* en un mot de tous les fonctiounaires sédentaires.

De plus, Charlemagne établit des assemblées générales où il réunissait les hommes les plus consi-

(1) EOINHART. — *Vita Caroli Magni.*

dérables du territoire; — de 700 à 813 on compte trente-cinq de ces assemblées générales. . .

Dans l'empire de Charlemagne, *l'état ç'est l'Empereur.*

Architecte de génie, il avait construit un édifice grandiose composé d'éléments hétérogènes ; — quand il mourut, son œuvre eut le sort de celle d'Alexandre : — tout s'écroula, et ses débonnaires successeurs s'en partagèrent les débris.

Les possesseurs de domaines occupés par la conquête ou de bénéfices tenus du roi, les comtes, ducs, gouverneurs de province étaient semés sur le territoire. Ils devinrent les centres naturels d'associations correspondantes. Autour d'eux s'agglomèrent des habitants libres ou esclaves qui avaient, plus ou moins, besoin d'être protégés,— et ainsi se formèrent de véritables petits États. Le pouvoir et la nation se démembrèrent, tout devint local, les lois, les jugements, les moyens d'ordre, les tyrannies, les libertés, tout se resserra dans de petits territoires. Quand cette grande fermentation des diverses conditions sociales et des divers pouvoirs qui couvraient la France se fut accomplie, quand les petites sociétés

qui en devaient naître eurent revêtu une forme plus
régulière et déterminé tant bien que mal les relations
hiérarchiques qui les unissaient, le résultat de la
conquête prit le nom de *régime féodal* (1).

En 877, par le capitulaire de Kiersy, Charles-le-
Chauve reconnaît aux possesseurs de bénéfices ou
d'honneurs le droit de transmettre à leurs héritiers
comme une propriété inamovible les biens ou les
titres dont ils étaient pourvus.

Ce capitulaire proclama donc le principe de la
perpétuité et de l'hérédité des fiefs. — La souveraineté
est incorporée à la terre.

Les Leudes prennent le nom de vassaux, les bénéfices celui de fiefs. — L'esprit féodal envahit tout (2).

Le pauvre homme des champs n'a qu'un moyen
de se soustraire aux exactions de son seigneur, c'est
de l'avouer pour son maître, — de devenir son serf.

Chacun s'empresse de faire aveu de son domaine
au seigneur de qui il désire relever, et qui doit le
protéger.

---

(1) Guizot. — *Histoire de la Civilisation en France.*
(2) Rabutaux. — *Dict. d'économie politique.*

L'homme sans aveu, c'est-à-dire qui ne possède rien, l'homme sans terre, tombe en dehors de la grande famille humaine. — Il porte au cou le collier de servage, et sur le collier le nom de son maître. — Plus tard s'il peut être affranchi, on lui ôtera cette marque de servitude. — Il sera *franc du collier collibert*, race intermédiaire entre les serfs et les hommes libres.

Le droit du plus fort était la principale source de la servitude.

Sous l'empire du Code féodal, la terre possédait l'homme à ce point que le baron lui-même était astreint à servir son fief (1); « arrivé à un certain âge, il devait se marier à la volonté de son Pardessus. »

---

(1) Montesquieu place le berceau des fiefs dans la Germanie.

M. de Mably attribue leur institution à Charles-Martel.

Le président Hénault aux Lombards.

D'autres auteurs remontent plus haut encore et considèrent Alexandre Sévère comme le véritable fondateur du fief.

Montesquieu base son opinion sur le passage suivant de Tacite : « Les vassaux doivent avoir eu pour ancêtres les Germains qui s'attachaient à un prince ou à un seigneur et liaient leur sort au sien. »

Si c'était une gentilfemme, elle choisissait un époux
entre trois barons qu'il lui présentait; néanmoins,
arrivée à soixante ans, elle pouvait rester maîtresse
d'elle-même.

———

Le serf ne pouvait ni vendre, ni aliéner, ni transmettre sans le congé du sire; — si le seef est absent,
le seigneur fait cultiver sa terre par un autre.

Qaand le serf meurt, dit Carlier, dans son *Histoire du Valois*, et Guichenon, dans son *Histoire de
Bresse et de Bugey*, il est d'usage de lui couper la
main droite pour la présenter à son seigneur; dès ce
moment, celui-ci a le droit de s'emparer de tous ses
effets au préjudice et à l'exclusion des enfants de
l'homme mort.

De là l'origine de cette expression encore en
usage : *Biens de main-morte.*

Les hommes de main-morte sont serfs de la
glèbe; — ils ne peuvent disposer de leurs biens par
testament (1); — l'hérédité des hommes de main-

———

(1) Il en était de même à Rome pour les affranchis.

morte, s'ils décèdent sans enfants, retourne donc au seigneur sous la puissance duquel ils se trouvent.

D'autres fois la main-morte s'applique aux héritages eux-mêmes, lorsque quelqu'un a reconnu la puissance de quelque individu ou de l'église, en s'avouant esclave, c'est-à-dire lorsque ces héritages sont *terre de servitude*, soit par titre, soit *par prescription* (1).

La prescription seule suffit donc à rétablir la main-morte, « et la main-morte rend l'individu serf de suite ou de poursuite, soumis au droit de forfuyance, en quelque asile qu'il se réfugie, et quelle que soit sa dignité, quittât-il le royaume, ou cachât-il son front sous la mître épiscopale (2).

Dès le treizième siècle, les serfs se distinguaient des *vilains* ou *colons*.

Le vilain occupe le degré intermédiaire entre la pleine servitude et la franchise.

(1) Voir Ducange. — *Glossarium*.
(2) Beaumanoir. — *Coutumes de Beauvoisis*, chap. XLV.

7

« Cette *manière de gens* ne sont pas tous d'une même condition ; au contraire, il y a plusieurs conditions de servitude : « car les uns sont si sujets à leurs seigneurs, que les sires peuvent prendre tout ce qu'ils ont, à mort et à vie, à tort et à droit, sans qu'ils en doivent compte qu'à Dieu. »

« Les autres sont traités plus débonnairement ; car, tant qu'ils vivent, le seigneur ne peut rien leur demander, s'ils ne meffont, fors leur *cens, leurs rentes et leurs redevances* qu'ils ont accoutumé à payer pour leur servitude.

Quand ils se marient avec une femme franche ou quand ils meurent tout ce qu'ils possèdent en propre, meubles et immeubles, revient à leur seigneur. Les enfants ne touchent rien. Ces pauvres gens ne peuvent disposer par testament que d'une somme qui ne soit pas supérieure à 5 sous (environ 25 francs de notre monnaie actuelle (1).

Saint-Louis fait faire un grand pas à la cause du progrès, non seulement en triomphant de la ligue des barons, mais surtout en créant des tribunaux,

---

(1) Beaumanoir. — *Op. cit.*

et jetant les bases de la science du droit français, en remettant en lumière l'étude du droit romain que l'on aurait pu croire oublié complètement.

La législation féodale continue de régir les nobles et la loi romaine est appliquée aux roturiers. La majorité pour les nobles est abaissée à 21 ans. Les pupilles sont mis, eux et leurs biens, sous la tutelle du seigneur. Les propriétés passent à l'aîné de la famille. — Pour les roturiers, la majorité est reculée jusqu'à 25 ans. La tutelle est abandonnée au parent le plus proche. Les propriétés se divisent par portions égales entre les enfants (1).

INFLUENCE DES CROISADES SUR L'ÉTAT DE LA PROPRIÉTÉ

Les croisades ont fait faire un grand pas à la civilisation. — Elles ont porté un coup terrible à la féodalité. — Elles créèrent la bourgeoisie. — Elles facilitèrent la possession du sol par des hommes libres.

(1) BONNEMÈRE, 1er vol., page 187.

Au moment de partir pour la Terre-Sainte, les barons croyaient devoir accorder à leurs serfs un adoucissement de servitude.

Souvent ils vendirent une partie de leurs terres pour se procurer l'argent nécessaire à leurs expéditions.

Les bourgeois des villes purent, ainsi, au treizième siècle, acquérir quelques petits fiefs.

L'émancipation des couches sociales inférieures commença lentement.

Les communes se formèrent.

« Du droit de propriété joint à l'esprit d'association, sortirent pour ces petites sociétés naissantes les « premiers éléments de l'existence civile; l'instinct « du bien-être qui ne se repose jamais les conduisit « bientôt plus avant.....

Mais, si le pouvoir royal se montra favorable à la cause des communes, ne croyons pas que cette bienveillance fût désintéressée — les rois voyaient dans la bourgeoisie un appui contre une noblesse exigeante. — Ils ne présageaient pas que cette bour-

---

(1) GUIZOT. — op. cit.

geoisie deviendrait le Tiers-Etat, c'est-à-dire une puissance formidable.

L'aristocratie n'eut pas chez nous, comme elle l'a fait en Angleterre, la pensée de se liguer avec la bourgeoisie pour combattre la royauté et lui imposer des garanties politiques — une vieille inimitié séparait les communes de la noblesse. — L'esprit anglo-saxon est au contraire positif avant tout et subordonne les sentiments de la vanité au but proposé (1).

Aux beaux temps de la féodalité la propriété est essentiellement agglomérée.

Le plus souvent, un seigneur est le propriétaire de plusieurs villages.

L'incapacité de François Ier, ses guerres désastreuses suivies des guerres de religion et des désor-

---

(1) BATBIE. — *Cours d'Econ. pol.*

dres de la Ligue avaient désolé les provinces. La situation de la petite propriété était des plus tristes.

Henri IV arrive.

« Il croit qu'il est bon de ne pas toujours demander au peuple tout ce qu'il peut donner. » *Il regarde comme une calamité les impôts nouveaux, même lorsqu'ils sont d'un établissement facile.* (1)

Les bons rois ont souvent de bons ministres.

Sully s'efforça de découvrir les abus. Il chassa une foule de traitants, sous-traitants, fermiers, sous-fermiers, receveurs, commis, qui pillaient à la fois l'Etat et le peuple (2).

Il voulut constater tous les impôts, tous les droits,

---

(1) Les députés des Provinces lui ayant fait des remontrances sur la pancarte (l'imposition du sou par livre), il les écouta avec beaucoup d'intérêt.

— Les impôts que je lève, leur répondit le roi, ne sont point pour enrichir mes ministres et mes favoris, comme faisait mon prédécesseur ; mais pour supporter les charges de l'Etat.

(2) HENNET. — *Crédit public en France.*

tous les revenus de l'Etat, leur cause, leur origine, le mode de leur perception et leur produit réel.

Il voulut pouvoir présenter au commencement de chaque année un aperçu des recettes et des dépenses.

Sully fut le créateur des budgets en France.

Il diminua les tailles de près d'un tiers et délivra les contribuables de la tyrannie de 3 à 400 petits surintendants des finances.

Il fit vérifier la dette publique.

En 14 années il économisa 41 millions de livres.

A la mort de Henri IV, on les trouva dans les coffres de la Bastille. — On a prétendu que cette épargne était une faute. — Au lieu d'enfouir ce trésor, il aurait mieux valu, sans doute, venir en aide à l'agriculture. — On aurait ainsi augmenté la circulation du numéraire et l'activité des transactions; — mais Sully ne voulait pas être pris au dépourvu. Il pensait, avec raison, qu'un gouvernement prévoyant doit toujours pouvoir disposer d'un trésor de guerre.

Arrivons à Louis XIII.— Le roi est mineur. —
Les économies de Sully ont été bientôt gaspillées ; —
le maréchal d'Ancre *vend des arrêts du Conseil* ; —
il assure l'impunité aux traitants qui pressurent le
peuple ; — la guerre civile éclate ; — on se décide à
réunir les Etats-Généraux.

— Les doléances du Tiers-État qui jette un cri de
détresse, nous montrent l'état de la classe agricole
pendant la minorité du roi.

Heureusement, Richelieu, arrivé au pouvoir
comme premier ministre et surintendant du commerce,
s'efforça de régler les tailles « de telle sorte que les
« pauvres gens qui supportaient les plus lourdes
« charges fussent soulagés. » (1)

— Il envisagea l'agriculture. Après avoir fait du
roi son maître un esclave, il fit, de cet esclave, un
des plus grands monarques du monde.

---

(1) *Mémoires de Madame de Motteville.*

Richelieu par la force, Mazarin par la ruse, por-
tèrent un coup terrible à la féodalité, mais ne l'anéan-
tirent pas.

La féodalité, sous Louis XIV, c'était encore
l'inégalité civile inscrite dans les lois, c'était un
assemblage de coutumes barbares, c'était la propriété
sans garantie, les monopoles commerciaux, les douanes et les franchises provinciales, c'était la vénalité
des emplois civils et militaires, les lettres de cachet,
les cours seigneuriales et prévôtales, la servitude des
biens et des personnes.

Colbert s'efforça de replacer les taxes sur une
base uniforme.

Il défendit de saisir pour *fait de taille*, les lits
habits, pain, chevaux et bœufs servant au labour, et
les outils nécessaires, ce pain quotidien des artisans
et manœuvres.

En même temps, il faisait venir de l'étranger les

ouvriers les plus habiles pour développer en France l'esprit manufacturier.

On lui a reproché d'avoir établi des tarifs de douane prohibitifs; on ne s'est pas assez demandé si l'industrie française n'avait pas alors essentiellement bésoin de protection.

Colbert, par son ordonnance de juillet 1656, prescrivit le desséchement des marais, organisa les haras, et après huit années de travaux rendit en 1669 l'édit sur les eaux et forêts qui est devenu la base de notre code forestier (1).

———

Quelques années plus tard, un de ces hommes qui sont la gloire de leur époque s'apitoyait sur les souffrances de ses concitoyens. et n'épargnait ni recherches ni méditations pour apporter quelques soulagements à leurs malheurs.

Nous avons nommé le maréchal de Vauban.

———

(1) *Dictionnaire de l'économie politique.* — Paris. — Guillaumin.

Créateur de la statistique, il fit, en 1698, le dénombrement de la population, et recueillit tous les renseignements qui lui paraissaient de nature à permettre d'étudier les améliorations de l'agriculture.

Cette étude consciencieuse lui suggéra le *projet d'une dîme royale*, ouvrage dans lequel il battit en brèche les privilèges en matière d'impôts, l'inégalité des charges publiques et un système de finances nuisibles à l'Etat autant qu'aux citoyens (1).

« Quand je dirai, dit Vauban, que la France est
« le plus beau royaume du monde, je ne dirai
« rien de nouveau, il y a longtemps qu'on le sait;
« mais si j'ajoutais qu'il est le plus riche, on n'en
« croirait rien, par rapport à ce que l'on voit. »

« C'est cependant une vérité constante, et on
« comprendra sans peine, si on veut faire bien atten-
« tion, que ce n'est pas la grande quantité d'or et
« d'argent qui fait les grandes et véritables riches-
« ses d'un Etat, puisqu'il y a de très grands pays
« dans le monde qui abondent en or et en argent et
« qui n'en sont pas plus à leur aise ni plus heureux.

---

(1) Eug. DAIRE. — *Economistes français.*

« La vraie richesse d'un royaume consiste dans
« l'abondance des denrées, dont l'usage est si néces-
« saire au soutien de la vie des hommes qu'ils ne
« sauraient s'en passer ».......

En 1700, le trésor était vide et Louis XIV avait dissipé le précieux héritage que ses deux prédécesseurs lui avaient légué. Il avait désorganisé l'édifice social en enlevant la noblesse à la vie rurale. — Les propriétaires fonciers vivant à la Cour développèrent l'antagonisme social et ils perdirent le sentiment de la solidarité qui unissait leurs ancêtres aux populations. — Ils ruinèrent l'agriculture pour toute la durée du xviiiᵉ siècle.

Colbert était mort découragé en 1685. — Avec le concours des Chamillard et des Desmarets, Louis XIV écrasa le peuple d'impôts (1).

Il fallait, à tout prix, trouver de l'argent. — Alors, on établit des taxes sur tout ce qui pouvait

---

(1) LEPLAY. — *Réforme sociale en France.*

être imposé. — On imposa, même, les baptêmes et les
« mariages. — Alors, dit Saint-Simon, les petites
« gens se mariaient, sous la cheminée, par consente-
« ment mutuel devant témoins, — et baptisaient
« leurs enfants sous le porche des églises.

Malgré tout, Louis XIV laissa à son arrière-petit-
fils une dette dont le capital dépassait 3 milliards,
plus de 6 milliards d'aujourd'hui.

Il avait frappé au cœur l'agriculture et creusé
l'abîme où la royauté devait s'engloutir.

Quand Philippe d'Orléans se fit décerner
la régence, le 2 septembre 1715, tout n'était en
France que misères, ruines et désordre, les propriétaires ne tiraient aucun revenu de leurs terres, la ban-
queroute était imminente. C'est alors que le régent
écouta les propositions de l'écossais Law de Lauriston,
dont nous croyons devoir dire quelques mots.

Par lettres patentes du 2 mai 1716, Law fut
autorisé à créer une banque générale au capital de
6 millions de livres.

Etablie dans un pays florissant, la banque générale eût peut-être prospéré; — instituée avec un capital insignifiant, et dans les circonstances les plus défavorables au développement du crédit, elle était fatalement vouée à une existence éphémère.

Law confondait les capitaux avec le numéraire dont ils ne sont que le moyen d'échange.

Cette erreur profonde causa la ruine de son système, et en même temps de tous les malheureux qui avaient eu confiance en lui.

« La véritable confiance, fondée sur le succès « réel du travail, lente comme lui dans ses progrès, « est seule dispensée de ces retours subits qui res- « semblent à des tempêtes. » (1)

Le crédit doit représenter des valeurs certaines, et doit être tout au plus une anticipation très limitée sur ces valeurs.

Dès que ces valeurs deviennent incertaines, la force ne peut rien pour les soutenir.

_____

(1) THIERS — (*Histoire de Law*).

Sous Louis XVI beaucoup de terres restent incultes. Les malheureux ruraux succombent sous le poids des taxes. Le roi avait cependant trouvé le meilleur des ministres et Turgot aurait évité à la France l'affreuse disette de 1787 et les désastres qui l'ont suivie si le système de Necker n'avait pas été préféré à ses conseils.

Avant de terminer cette rapide étude rétrospective, n'oublions pas qu'au moment de la révolution de 1789 la France comptait déjà près de 4 millions de propriétaires et, sur ce nombre, beaucoup de petits propriétaires à famille souche, possédant, comme l'a fait remarquer M. Leplay, un domaine transmis, intégralement, de génération en génération.

Ce sont ces familles de paysans, de petits propriétaires qui avaient conservé encore, en 1789, une grande énergie et l'amour de la patrie, malgré toutes les souffrances qu'elles avaient supportées, qui ont assuré le recrutement des armées de la révolution.

La situation de la propriété rurale était des plus tristes quand Louis XVI, en 1788, consentit au doublement du Tiers-État. Le gouvernement qui suivit 1789 provoqua des réformes heureuses et s'efforça notamment de restreindre la transmission intégrale des biens, tout en respectant la liberté testamentaire. Mais la Convention qui se trouvait en face d'une situation exceptionnelle fit une loi d'exception.

———

Le 7 mai 1793, la Convention enleva au père de famille la faculté de tester s'il a des enfants. La faculté de disposer de ses biens soit à cause de mort, soit entre vifs, soit par donation contractuelle, en ligne directe, est abolie. — En conséquence, tous les descendants doivent avoir un droit égal à partager les biens de leurs ascendants.

La loi du 17 nivôse an II ne permet pas de tester en faveur de ses héritiers, mais elle permet de le faire en faveur des étrangers, pour un dixième de la fortune si le testateur a des enfants, et pour un sixième s'il n'a que des collatéraux.

Cette loi sur l'égalité des partages troubla profondément le régime de la propriété rurale — les petits propriétaires, surtout, furent atteints, et l'application de la loi occasionna des désordres dans beaucoup de familles.

La Convention avait cru établir un grand principe; mais elle n'avait pas prévu qu'elle allait susciter des procès sans nombre dans les campagnes. — L'expérience a bien démontré que le partage forcé amène fatalement l'émiettement de la petite propriété et désorganise les familles rurales.

Le Code Napoléon admit le principe du partage forcé. La discussion du régime des successions fut commencée sous l'inspiration d'une théorie qui attribuait aux enfants le droit à l'héritage en restreignant le droit de propriété du père de famille. Les partisans du partage forcé durent convenir que ce régime était un expédient commandé par la situation politique. On en vint même à déclarer que, dans d'autres

8

circonstances, il eut été opportun de laisser aux pères
de famille le droit de disposer de leurs biens. (1)

Nous allons examiner quelle est actuellement la
situation de la propriété rurale, et nous discuterons
les mesures qui pourraient améliorer un état de
choses qui préoccupe les économistes pour le présent
et pour l'avenir.

Mais avant de terminer cet aperçu historique,
traversons l'Océan et donnons un coup d'œil à cette
nation née d'hier dont la prospérité s'est développée
avec une rapidité fantastique : Les Etats-Unis de
l'Amérique du Nord.

Il y a soixante ans, avant la guerre de sécession,
la propriété n'était pas divisée dans les Etats d'esclavage ; elle était au contraire morcellée déjà avec
intelligence sur la rive droite de l'Ohio, et dans son

---

(1) LEPLAY. — *Partage forcé.*

beau livre la *Démocratie en Amérique*, M. de Tocqueville a dépeint cette situation en termes éloquents :

« Le fleuve que les Indiens ont nommé l'Ohio,
« ou la belle rivière, arrose de ses eaux l'une des
« plus magnifiques vallées dont l'homme ait jamais
« fait son séjour.

« Sur ces deux rives, l'air est également sain et
« le climat tempéré ; chacune d'elle forme l'extrémité
« frontière d'un vaste Etat ; celle qui suit à gauche
« les mille sinuosités que décrit l'Ohio, dans son
« cours, se nomme le *Kentucky* ; l'autre a emprunté
« son nom au fleuve lui-même. Les deux Etats ne
« diffèrent que sur un seul point : le *Kentucky* a
« admis des esclaves, l'Etat de l'*Ohio* les a tous reje-
« tés de son sein. Le voyageur qui, placé au milieu
« du fleuve, se laisse entraîner par le courant, navi-
« gue donc, pour ainsi dire, entre la liberté et la
« servitude. »

D'un côté, des plaines immenses où la propriété
est concentrée ; de l'autre côté, une contrée qui jouit
déjà des avantages du morcellement intelligent.

« Sur la rive gauche, la population est clairsemée ;
« la forêt primitive reparait sans cesse ; on dirait que

« la société est endormie, l'homme semble oisif; la
« nature seule offre l'image de l'activité et de la vie.
« De la rive droite s'élève, au contraire, une rumeur
« confuse qui proclame de loin la présence de l'in-
« dustrie. De riches moissons couvrent les champs,
« de toutes parts l'aisance se révèle. L'homme paraît
« riche et content : il travaille. »

Nous n'ignorons pas que dans le " Far-West " il
existe d'immenses domaines ruraux. Sir L.-J. Reed
possédait, à lui seul, il y a quelques années, un domaine de 800.000 hectares. — Mais à mesure que la
population devient plus dense, la propriété se divise,
et il en est de même en Angleterre (1).

Partout, sous toutes les latitudes il en sera de
même : la division de la propriété seule fait les grandes nations et rend les peuples heureux, — mais
l'écueil c'est « l'émiettement » dont nous allons signaler les dangers dans la deuxième partie de cette étude.

FIN DE LA PREMIÈRE PARTIE

---

(1) Voir l'excellente étude de M de Foville, sur le
Morcellement. — Paris, Guillaumin, 1885.

DEUXIÈME PARTIE

D'après les renseignements officiels fournis par le ministère de l'agriculture, en 1897, le territoire agricole de France aurait une superficie totale de 50 millions 1/2 d'hectares. La propriété privée occupe 87. 90 p. 100 de ce territoire, soit près des neuf dixièmes du total: — La France est un des pays où la propriété est le plus divisée.

Sur un total général de quinze millions de cotes foncières pour toute la France, nous trouvons huit millions 1/2 de cotes se rapportant à des propriétés dont la superficie n'atteint pas un hectare, et plus de deux millions 1/2 de cotes (1) portent sur des propriétés inférieures à *onze ares* (2). Constatons, toutefois, que le nombre des cotes est plus considérable que celui des propriétaires.

La statistique des exploitations prouve bien que le morcellement continue sa marche ascendante:

En 1882 le nombre des exploitations rurales inférieures à un hectare était de.... 2.167.667

En 1892 le nombre s'élève à.... 2.235.405

Différence en plus. 67.738

Au contraire, le nombre des exploitations moyennes de 1 à 10 hectares a diminué, nous voyons:

Pour 1882.................... 2.635.030

Pour 1892.................... 2.617.658

Différence. 17.372

D'autre part, si nous nous arrêtons à la dernière période décennale (1881-1891), nous voyons que la population agricole de la France a diminué de 813.321 individus.

---

(1). Moins Paris, la Corse, la Savoie et la Haute-Savoie.

(2) 2.670.512

Elle était en 1881 de......... 18.249.209

Elle n'est plus en 1891 que de.. 17.435.888

En moins.   813.321

Ces chiffres peuvent se passer de commentaires; cette diminution provient, nous dit la *Statistique agricole de la France,* de l'émigration des campagnes vers les villes. — Si nous possédions les résultats de la dernière période, de 1892 à 1900, nous trouverions des chiffres plus tristes encore.

Il est impossible de nier les bienfaits de la division de la propriété dans les contrées civilisées — et, notamment, en France, où le sol se prête si admirablement à la diversité des cultures.

Ce sont les petits propriétaires, c'est la race robuste et courageuse du paysan Français, qui fait la force de notre nation.

Si la France a pu traverser tant d'orages, c'est grâce au paysan, au petit propriétaire.

C'est par la petite patrie qui est la famille que le cœur s'attache à la grande.

C'est le bon fils, le bon mari, le bon père qui font le bon citoyen. — La propriété est le meilleur stimulant de l'épargne, et l'épargne le meilleur agent de moralisation.

Nous le demandons à ceux qui ont pu atteindre, par leurs efforts, par leur bonheur inespéré, aux joies de la propriété foncière: *Ne semble-t-elle pas ajouter à notre être quelque chose qui s'incorpore à nous, qui nous élève plus que toute autre propriété ne pourrait le faire?*

« Ce rapport intime qui s'établit entre le fonds de terre et son propriétaire, ce sentiment particulier qui unit l'homme au sol dont il est le maître, prend sa source dans les profondeurs de notre nature (1).

« C'est que le sol, par sa stabilité, seconde nos pensées d'avenir, offre une base à nos projets et une garantie de durée, tandis que la richesse mobilière se montre aussi fragile et aussi fugitive que nos organes, notre vie matérielle. La terre seule nous semble immortelle comme notre âme.

Le régime de la petite propriété semble inhérent à la constitution de la France.

---

(1) Rossi. — *Economie politique*.

Bien avant 1789, les petits propriétaires étaient nombreux en France, malgré les majorats. — Le fait a été constaté par un écrivain anglais dont le voyage en France est bien souvent cité, Arthur Young ; — bien qu'il fut partisan du système de son pays, c'est-à-dire de l'agglomération des terres, il écrivait les lignes suivantes, à propos d'une localité située près de Dunkerque :

« Les habitants de la Sauve changent leurs « rochers en paysages fertiles, parce que ces rochers « sont leur propriété.

« Cette activité a renversé tous les obstacles. — « Ce serait faire injure au sens commun que d'en « demander la raison. — La puissance de la pro- « priété doit avoir produit ce résultat. »

D'autre part, le morcellement du sol, autour des villes, est une excellente chose ; et les chefs des grandes usines devraient s'efforcer d'assurer à leurs ouvriers par un système de location et d'amortissement bien compris, la possession d'une petite maison et d'un jardin modeste. Ce serait un bon emploi de leurs heures de repos, une sauvegarde contre le cabaret et le meilleur obstacle aux grèves.

Un manufacturier de Mulhouse a compris ces saines théories; — il a fait construire, près de ses usines, un certain nombre de maisonnettes entourées d'un jardin, — et moyennant une faible *annuité*, les ouvriers deviennent propriétaires sans, pour ainsi dire, s'en apercevoir.

De 1854 à 1877 (1), la Société des maisons ouvrières de Mulhouse a vendu 945 maisons coûtant ensemble 2.780.000
Les frais accessoires se sont élevés à. 1.300.000

$$\text{Total ...} \quad 4.080.000$$

ou 4.317 francs par maison.

Ces 945 maisons ont été achetées par des ouvriers. — Cet exemple a été imité à Guebwiller, à Colmar, à Thann. — Un jour arrivera où l'ouvrier économe et intelligent pourra être logé dans une maison dont il sera propriétaire.

Pourquoi ne pas favoriser la construction de ces maisons ouvrières par les villes ou par de grandes

_____

(1) Voir le travail remarquable à tous égards de Paul Leroy-Beaulieu : L'*Essai sur la répartition des richesses.* — Paris, Guillaumin.

sociétés philanthropiques, en réservant le privilège des *emprunts à lots*, aux sociétés de cette nature, qui se consacrent à des œuvres d'utilité sociale, comme le demande avec tant de raison M. Paul Leroy-Beaulieu ?

A Marseille, — un illustre économiste qui mérite le titre de bienfaiteur des *ouvriers* (le père du grand poète auteur de *Cyrano* et de l'*Aiglon*) — M. Rostand, a eu l'idée ingénieuse de faire servir les dépôts de la Caisse d'Epargne à la construction de maisons ouvrières.

— L'essai a réussi admirablement.

A côté de Manheim, en Allemagne, nous avons visité une usine qui occupe 4.000 ouvriers. Tous les ouvriers sont logés ainsi que leurs familles dans des maisons confortables que la Compagnie met à leur disposition moyennant un loyer très peu élevé.

L'ambition du paysan français a toujours été, et sera toujours de posséder un morceau de terre. — Il a, au suprême degré, ce que Balzac appelle le *Démon de la propriété*. Une fois chez lui il se prive, mais il est heureux : il fait des prodiges (1).

Voyez ces rocs brulés, ces arides sommets des montagnes du midi de la France. Où serait la terre sans l'homme ? La propriété est toute dans le propriétaire. Elle est dans le bras infatigable qui brise les cailloux tout le jour, et mêle cette poussière d'un peu d'humus.

Elle est dans la forte échine du vigneron qui, du bas de la côte, remonte roujours son champ qui s'écroule toujours.

L'homme fait la terre (2).

———

Dans les contrées où le partage forcé n'existe pas, la division du sol a pour résultat certain une

———

(1) DE FOVILLE. — *Le morcellement*, page 42.
(2) MICHELET. — *Le Peuple.*

augmentation de population, et même le morcellement exagéré produit d'excellents résultats autour
des villes un peu importantes.

La culture est intensive.

Les engrais sont à bon marché et d'un transport
facile. — La principale culture est la culture maraî-
chère. — De même dans le midi, sur la « Riviera »,
où la culture des fleurs et des primeurs est essentiellement productive.

Mais ce sont là des exceptions. A côté de ce para-
dis terrestre il y a les pauvres terres arides, éloignées
des grands centres, ne produisant que des céréales
et souvent moins de 10 hectolitres à l'hectare.

————

Le Français tient à son lopin de terre autant qu'à
la vie et ce lopin, malheureusement, quelque petit
qu'il soit, sera morcelé à sa mort s'il laisse plusieurs
enfants. — Qu'arrive-t-il ? — Le paysan prévoit
l'émiettement de son modeste domaine, et il limite le
nombre de ses enfants.

Aussi le chiffre de la population reste stationnaire
en France alors qu'il augmente partout ailleurs.

En dépit du droit protecteur, la production agricole traverse une période critique. Le petit propriétaire serait réduit à une misère extrême s'il ne trouvait pas le moyen de s'employer comme ouvrier agricole sur les domaines importants.

Les souffrances de la petite propriété ne sauraient être mises en doute.

De tous les côtés on a signalé le danger.

————

M. Gomot, député du Puy-de-Dôme, ancien ministre, est bien placé pour connaître la question. Il l'a traitée, récemment, avec une grande lucidité.

L'amour de la terre, dit M. Gomot (1), est le grand facteur de la vie rurale. A l'agriculteur il donne l'énergie de l'incessant labeur, l'obstination dans l'économie quotidienne. Rien ne lui coûte en effet pour acquérir le sol, principal objet de son ambition.

Au point de vue social comme au point de vue privé, c'est une passion saine et féconde, mais mal dirigée, elle a ses périls. J'en veux signaler un.

————

(1) Journal l'*Agriculture moderne* (n° du 16 avril 1899).

Le morcellement du sol, aujourd'hui poussé à l'excès, est une des causes — non des moindres — des souffrances de l'agriculture. Il provient des raisons multiples parmi lesquelles le mode de partage pratiqué dans nos campagnes doit occuper le premier rang.

Un père de famille possède 3 hectares répartis en terre à céréales, vigne, pré-verger, jardin, pâture. Ses enfants travaillent avec lui le domaine; ils s'y sont attachés et ils veulent y vivre. A la mort du père, il faut partager ce modeste patrimoine. Il serait logique, s'il y a trois enfants, de s'arranger de façon à assurer à chacun 1 hectare. Il n'en sera pas ainsi. Chacun d'eux voudra amender sa portion dans les différentes parcelles de façon à avoir une vigne, un pré, une terre à blé, une pâture, un jardin. De là un émiettement qui, à chaque génération nouvelle, va s'accentuant de façon à créer sur toute l'étendue du territoire quantité de parcelles minuscules sans valeur et, pour ainsi dire, inexploitables.

Dans beaucoup de départements, il en est ainsi. La statistique récemment dressée par la commission technique du cadastre en donne la preuve palpable.

L'étendue moyenne de l'îlot de propriété en France est de 25 ares. En Touraine ou en Limagne, c'est quelque chose, mais dans les pays moins favorisés, c'est peu ou même ce n'est rien.

Ce morcellement exagéré a des effets déplorables :

Il rend toute culture difficile ; il rend impossible la culture intensive, la seule rémunératrice. Sur une pièce de terre de quelques ares on ne saurait employer les machines nouvelles qui réduisent la main-d'œuvre, ni tenter aucune amélioration durable.

Il est mortel aux intérêts du cultivateur à raison du temps énorme qu'il perd pour aller d'une pièce à l'autre, et pour y transporter ses outils de travail.

Il a pour conséquences de rendre la préparation de la terre plus difficile, d'empêcher le drainage et les irrigations, d'augmenter les frais d'acquisition et de faire les opérations de bornage plus coûteuses.

On voit par cette énumération, — bien incomplète, cependant, — les dangers de l'émiettement du sol. Peut-on y porter remède et par quels moyens ?

L'état de choses que je viens de signaler n'est pas particulier à notre pays ; on le constate partout où la loi des successions a été calquée sur la nôtre. Excel-

lente dans son principe, elle a parfois été faussée
dans l'application.

En Allemagne, dans le grand-duché de Luxembourg, en Autriche, des mesures radicales, on pourrait
dire draconiennes, ont été prises. Les gouvernements
de ces pays ont considéré que le morcellement cause
de graves préjudices à l'exploitation du sol et par suite
à la richesse publique; ils ont donc institué les
remembrements, en vertu desquels lorsque, dans une
section, les deux tiers des habitants y adhèrent, il est
procédé à une nouvelle et proportionnelle répartition
de la propriété foncière. Les experts répartiteurs,
munis de pleins pouvoirs, fusionnent les parcelles;
ils vont même jusqu'à attribuer des soultes en argent
pour éviter les morcellements.

L'effet produit par ces réformes a été immédiat.
Dans le grand-duché de Luxembourg, l'assiette de la
propriété foncière s'est trouvée modifiée en fort peu
de temps au grand bénéfice de l'agriculture.

Il convient toutefois de dire qu'avant de recourir
à la loi de *remembrement* on avait préparé l'opinion
par des efforts intelligents et continus. Les professeurs
d'agriculture, si soigneusement écoutés chez nos

9

voisins du Luxembourg, avaient fait sur ce sujet des conférences jusque dans les hameaux; on y avait initié les enfants par des leçons données dans les jardins d'école. La presse locale qui attire ses lecteurs, par l'étude des *intérêts*, avait fait son œuvre. Tant et si bien que propriétaires et fermiers ont été les initiateurs de l'œuvre législative.

Il est permis de croire qu'en France une loi de cette nature, même ainsi préparée, soulèverait de vives protestations.

Notre Parlement a, cependant, conscience du mal dont nous souffrons. Dans cet esprit, il a voté, le 3 novembre 1884, une loi sur *la réunion des parcelles*. Il a cherché à rendre cette réunion plus facile en favorisant les échanges. Le droit proportionnel perçu par l'Enregistrement sur ce contrat était de 2 francs pour 100; la loi de 1884 décide que les droits fiscaux à prélever désormais sur les échanges d'immeubles ruraux seront de 20 centimes pour 100 seulement.

Aucun autre effort sérieux n'a été fait dans ce sens par les Chambres.

Existe-t-il un moyen pratique de parer à l'émiettement du sol? Oui, peut-être, par la culture en commun, mais la mutualité fait parmi nous de si lents progrès !

En pareille matière, le bon sens public peut faire mieux que les lois.

En résumé, nous pouvons dire que, loin des centres de population dans les terrains pauvres, le morcellement exagéré est la ruine du propriétaire.

———

Cette situation amènera, certainement, des expropriations, des ventes nombreuses. — Mais, d'autre part, la concentration des parcelles ne pourrait-elle pas remplacer le morcellement exagéré ?

Nos descendants ne sont-ils pas exposés à voir en France ce qui se passe dans certaines parties de l'Amérique du Nord, en Californie, par exemple : les domaines, d'étendue moyenne, et les fermes remplacés par des usines agricoles ?

Nous espérons que non.

Ainsi que l'a dit avec tant d'éloquence M. Deschanel à la Chambre des Députés (1), notre cher

———

(1) Discours du 10 juillet 1897.

paysan de France c'est l'élément créateur de la richesse, de la puissance et de la liberté, c'est l'élément sauveur de la Patrie, dans la paix et dans la guerre. C'est lui qui, tant de fois, a réparé les revers de nos armes et les fautes de nos gouvernements, c'est lui qui doit être l'objet de toute notre sollicitude. Ne négligeons rien pour améliorer sa situation.

COMMENT OBTENIR CE RÉSULTAT ?

En fortifiant, en protégeant la petite propriété, et en restaurant la liberté testamentaire.

Le remède, c'est : l'union, l'association libre pour l'achat des grains, des semences, des plants pour la vente des produits (1) et les assurances mutuelles agricoles.

---

(1) Les bienfaits de la mutualité et de l'association libre commencent à être bien compris. Le 22 avril 1900, sept cents sociétés de Secours mutuels vont se réunir en Congrès à Montpellier.

Il faut que les Syndicats agricoles soient créés de tous les côtés, afin que des machines puissent être louées à prix de revient aux cultivateurs.

Les syndicats sont devenus des organes d'enseignement. Grâce à eux on crée des champs d'expériences, on organise des conférences, des laboratoires, et la *mutualité* vient garantir, compléter, couronner la coopération.

L'association libre réagit sur les hommes qui la composent. Elle les transforme, elle les élève, elle les ennoblit. Les agriculteurs n'auront plus à redouter les fluctuations capricieuses dans la vente des blés, pour ne prendre qu'un exemple, qu'en organisant méthodiquement la vente de leurs produits.

Quand les cultivateurs seront syndiqués, leur syndicat leur fournira des indications précises sur les prix des céréales. (1)

---

(1) Voir le remarquable discours de M. Deschanel déjà cité.

Mais ce n'est pas tout. Il faut que les cultivateurs peu aisés, qui, au lendemain de la récolte, vendent leur blé parce qu'ils ont besoin d'argent, et qui, par la multiplicité de leurs offres, provoquent périodiquement la baisse aux mois d'août et de septembre, il faut, dis-je, que ces cultivateurs puissent trouver les avances qui leur sont indispensables, *en warrantant leurs blés.*

La loi sur les warrants agricoles a posé un principe excellent en exemptant du déplacement le gage offert par le fermier emprunteur. Les règlements d'administration publique, qui ont eu pour objet de régler son application, en ont malheureusement paralysé les effets par un surcroît de formalités ; mais il sera facile de faire disparaître les paperasseries administratives le jour où l'initiative agricole voudra assurer le fonctionnement du warrantage.

C'est dans l'*organisation de la vente* de ses produits, et non dans les *expédients législatifs*, que l'agriculture trouvera le moyen, sinon de conjurer, tout au moins de canaliser la crise des céréales (1).

---

(1) M. Georges GRAUX, député. — Journal l'*Agriculture moderne*, 1er avril 1900.

Le projet de loi déposé par M. Viger, député, ancien ministre de l'agriculture, sur les assurances mutuelles agricoles, a été adopté tout récemment par la Chambre des Députés. Nous espérons qu'il le sera par le Sénat.

Grâce aux dispositions de cette loi nouvelle, les petits propriétaires pourront fonder entre eux des caisses d'assurances contre l'incendie, les accidents du travail, etc.

C'est une ère nouvelle qui va s'ouvrir pour la mutualité agricole.

Les syndicats locaux, les unions régionales (dont une seule, celle du Sud-Est, comprend 70.000 membres), le warrantage, l'assurance agricole, — quand on aura trouvé un système qui permette de faire passer cette idée excellente de la théorie dans la pratique, — voilà les *remèdes réels* qui permettront de venir en aide à la petite propriété.

Quant au crédit agricole, à nos yeux c'est une utopie. — Quand il serait en retard de deux annuités, l'emprunteur serait fatalement condamné à l'expropriation, c'est-à-dire à la ruine.

La France est le pays où la loi a apporté le plus de restrictions à la faculté de tester, et d'éminents économistes attribuent à ces restrictions l'émiettement de la propriété foncière.

———

Comment les législateurs ont-ils été amenés à établir le partage forcé?

———

Après une résolution aussi radicale que celle de 1789 ils sont tombés d'un excès dans un autre. Ils n'ont pas respecté un droit dont l'essence même est le fondement de la liberté civile et le couronnement de la dignité humaine : le droit donné à l'homme, par la nature elle-même, de disposer des fruits de son travail. Ce droit, nos plus grands législateurs l'ont reconnu.

———

— La loi sur l'égalité des partages, a dit Cambacérès (1), a déjà occasionné beaucoup de désordres
dans bien des familles.

« Vous avez fait un grand acte de justice, vous
« avez voulu frapper les grandes fortunes ; mais la
« loi étant générale, les petits propriétaires ont été
« atteints. »

Portalis pense que le droit de disposer donné au
père de famille place les enfants entre l'espérance et
la crainte, c'est-à-dire entre les sentiments par lesquels on conduit les hommes bien plus sûrement que
par des raisonnements métaphysiques.

« Le droit de disposer est encore un droit d'ar-
« bitrage par lequel le père répartit son bien entre
« ses enfants proportionnellement à leurs besoins.

« Là où le père est législateur dans sa famille,
« la société se trouve déchargée d'une partie de
« cette sollicitude. Qu'on ne dise pas que c'est là un
« droit aristocratique : il est tellement fondé sur la
« raison, que c'est dans les classes inférieures que le
« pouvoir du père est le plus nécessaire. Un labou-

---

(1) CAMBACÉRÈS. — Discours du 28 décembre 1793.

« reur, par exemple, a eu d'abord un fils qui, se
« trouvant le premier élevé, est devenu le compagnon
« de ses travaux. Les enfants nés depuis étant
« moins nécessaires au père se sont répandus dans
« les villes. Lorsque le père mourra sera-t-il juste
« que l'aîné partage également le champ amélioré
« par ses labeurs, avec des frères qui sont déjà plus
« riches que lui ? »

———

M. Troplong déclare que, partout, dans tous les
pays civilisés ou non, les désirs exprimés par le père
à son moment suprême parlent plus haut aux enfants
recueillis que toutes les lois de l'ordre civil.

———

M. Léonce de Lavergne est d'avis que la division
obligatoire des immeubles est chez nous un mal réel.
« Le jour viendra, je l'espère, dit-il, où, dans un
« intérêt économique, on corrigera ce qu'elle a
« d'excessif. »

———

Les partages successifs qui suivent les décès des chefs de famille, forment une population de propriétaires indigents d'autant plus malheureux que leur famille est plus nombreuse, et dont la prévoyance consiste à fonder sur la stérilité de leurs unions la tranquillité de l'avenir.

Le partage forcé rend les améliorations du sol difficiles et souvent impossibles.

Au point de vue moral, le partage forcé est encore plus déplorable. Il diminue la puissance du chef de la famille, le respect des enfants. Ils savent que leur père ne peut pas les déshériter, que tout au plus il pourrait leur enlever une faible partie de leurs biens.

La loi française laisse le père de famille complètement désarmé, ou à peu près, devant la mauvaise conduite et l'ingratitude de ses enfants. Chez les

anciens, le père de famille était un patriarche respecté. Ses décisions étaient des oracles.

L'amour de ses enfants était la consolation de sa
vieillesse. Il partageait ses biens comme il l'entendait. Le plus souvent il les laissait à son fils aîné,
et ses décisions étaient religieusement exécutées.

Il n'en est pas ainsi malheureusement aujour-
d'hui; c'est à peine si les enfants veulent bien s'in-
cliner devant l'expérience des cheveux blancs.

———

Trop souvent le malheureux père, sur ses vieux
jours, se voit délaissé par ses enfants, alors qu'il
aurait tant besoin de leur affection et de leur concours.

— Pourquoi resteraient-ils au foyer paternel ?

— A la mort de leur père ne seront-ils pas forcés d'abandonner le domaine familial morcelé entre
tous les héritiers.

— Le père mort, on procède au partage : les
détails d'exécution soulèvent bientôt entre les intéressés, par une gradation inévitable, des suscepti-

bilités, des méfiances et des haines; et c'est sous cette triste inspiration que naissent en France la plupart des procès qui pèsent si lourdement sur la famille et sur la propriété.

« La coutume universelle qui attribue l'héritage
« aux enfants est la manifestation spontanée d'un
« des instincts les plus puissants de l'humanité;
« l'amour des parents. Cet instinct se fait jour quand
« le législateur a le bon sens de s'abstenir; la trans-
« mission des biens s'opère alors dans les conditions
« qui conviennent le mieux à chaque classe de la
« société, à chaque profession, à chaque famille ; —
« ainsi que le prouve une expérience journalière,
« les parents inspirés par leur sollicitude et leur
« prévoyance admettent, en réglant la succession,
« tous les tempéraments que commandent, d'une
« part, la nature spéciale des propriétés et des tra-
« vaux, de l'autre la diversité des caractères et des
« aptitudes. » (1)

_____

(1) LEPLAY. — " _Réforme sociale_ ". — _Partage forcé._

L'art. 832 du Code Civil est ainsi conçu:

« Dans la formation et la composition des lots,
« on doit éviter, autant que possible, de morceler les
« héritages et de diviser les exploitations. »

D'un autre côté, l'art. 826 veut que chacun des
héritiers puisse demander sa part en nature des meubles et immeubles de la succession.

Il y a là une anomalie flagrante qu'il serait bon
de faire disparaître de notre code.

Si le père de famille pouvait transmettre ses
champs au plus intelligent, au plus laborieux de ses
enfants, le sol ne serait pas morcelé comme aujourd'hui, les terres seraient mieux cultivées et rapporteraient davantage. Les autres enfants pourraient
être dédommagés au moyen d'une rente annuelle
payée en nature ou en argent à leur choix ; mais, en
tout cas, cette rente ne devrait jamais être fixe; elle
devrait être proportionnelle au revenu de l'héritage.

Tous les enfants pourraient donc, ainsi, s'associer
au chef de la famille désigné par leur père et ils
auraient tout intérêt à le seconder avec zèle et
dévouement, car leur intérêt serait en jeu.

Les propriétaires ruraux resteraient dans leurs domaines pendant toute l'année. Ils seraient, toujours, à l'affût des améliorations.

Nous verrions disparaître, au moins en partie, cette plaie de " l'absentéisme " qui a causé tant de ruines dans les familles.

On verrait un certain nombre de jeunes gens, qui, après avoir terminé leur service militaire, demanderaient à s'expatrier, obtiendraient des concessions de terres, deviendraient d'excellents colons, — tandis qu'aujourd'hui ils restent en France, pour surveiller leurs « espérances », c'est-à-dire pour attendre la mort de leur père et devenir fonctionnaires publics!... car ce titre envié leur permettra, peut-être, de se marier. Leur rêve, ce n'est pas une jeune fille honnête, intelligente, saine, capable de leur donner de beaux enfants... Non! ce qu'ils désirent, avant tout, c'est une jeune fille — ou même une vieille fille, — ou une femme veuve, quelquefois laide et infirme qui leur apportera une dot... et quand ce rêve sera réalisé ils auront le moins d'enfants possible.

Il n'en serait pas ainsi si les enfants savaient

qu'ils pourront compter, seulement, sur ce que leur père voudra bien leur laisser.

Alors ils rechercheraient dans la compagne de leur existence, les qualités de l'esprit et du cœur, de l'intelligence et du corps.

———

Le partage forcé encourage réellement la vénalité des unions (1).

———

Depuis M. Thiers, jusqu'à M. Jules Simon et M. Naquet, presque tous les économistes ont déclaré qu'ils étaient partisans de la liberté de tester; mais l'étude la plus complète, la plus documentée et la plus récente est celle de M. Henri Coulon, avocat à la Cour d'Appel de Paris (2).

---

(1) *Liberté de tester*. — Georges ALBERT. — Paris, Larose.

(2) La *Liberté de tester*. — Par M. Henri COULON, avocat à la Cour d'Appel. — Marchal Billard, éditeur, rue Soufflot, n° 9, à Paris.

Ce remarquable travail devrait être examiné par
tous les économistes. Nous espérons que le Congrès
international de la propriété foncière, réuni à Paris,
à l'occasion de l'Exposition universelle de 1900,
émettra le vœu que le projet de loi de M. Henri
Coulon soit discuté le plus tôt possible par le Parlement français. — La grande majorité des Députés
est persuadée, nous en avons la conviction, que le
père de famille, propriétaire et chef doit être libre de
disposer, à son gré, des biens dont il a la propriété,
au mieux des intérêts de *ses enfants.*

— Ce régime sera celui de la liberté absolue
avec certains tempéraments, en considération des
ascendants et descendants, et pour éviter certains
abus de pouvoir qu'il faut toujours craindre.

— Pourquoi, d'ailleurs, la France continuerait-
elle à conserver une législation moins libérale que
celle des autres nations ?

En Angleterre, la liberté de tester laissée au père
de famille est complète et absolue. Pour empêcher

10

le morcellement du sol, la loi, en cas de succession *ab intestat*, suppose que le testateur, s'il eût fait un testament, aurait donné ses immeubles à l'aîné des enfants mâles, parmi ses héritiers. Ces derniers partagent également entre eux les valeurs mobilières.

— A l'île Maurice, le gouvernement Anglais a laissé les familles françaises soumises au partage forcé, — tandis que la race Anglaise jouit de la liberté testamentaire la plus absolue.

Les Anglais sont toujours absolument « *pratiques* » ; — ils ont appliqué à l'île Maurice les théories d'un de leurs plus fins diplomates (1). Ils sont persuadés que notre système de succession est, pour nous, une cause de faiblesse et de décadence.

Aux Etats-Unis, la liberté de tester est absolue. Le père libre donne à un ou plusieurs enfants, qui, comme lui, sont libres de disposer de leur fortune.

S'il meurt *ab intestat*, la fortune est partagée également entre les enfants, comme en France.

_____

(1) LORD CASTELRAGH — Congrès de Vienne.

En Australie, au Mexique, au Canada, à Costa-Rica, au Guatemala, liberté absolue de tester.

————

En Autriche, la quotité disponible par le père de famille est de la moitié de la fortune, — quel que soit le nombre des enfants.

En Allemagne, en Russie, liberté de tester absolue.

En Espagne, la quotité disponible est de la moitié de la fortune.

En Italie, elle est des deux tiers.

En Suisse, la loi n'est pas uniforme ; dans certains cantons la quotité disponible est de la moitié.

————

La France est donc le pays où la loi a apporté le plus de restrictions à la faculté de tester.

FIN

DOCUMENTS ANNEXES

BIENFAITS DU MÉTAYAGE

Le nombre des exploitants directs, cultivateurs propriétaires, a diminué de 138.097 en dix ans. Le nombre des métayers non propriétaires a augmenté, au contraire, dans le midi et dans le centre où l'on rencontre une augmentation totale de 28.000 métayers; dans le nord-ouest, au contraire, une diminution de 6.000 métayers est constatée.

———

Toutes les Sociétés d'agriculture devraient suivre les excellents conseils de M. Vacher, ancien député, propriétaire à Montmarault.

Le métayage donne d'excellents résultats, même sur des terrains médiocres. M. Vacher prend l'exemple d'une terre granitique de nature sablonneuse contenant 3,40 0/00 de potasse, mais pauvre en acide phosphorique (0,60 0/00) et en azote (1,51 0/00).

Le revenu net de 50 hectares de cette terre, exploitée par des métayers, était de 2,280 fr. en 1880. Cinq ans après, ce revenu atteignait 3,787 fr. ; puis, successivement, il passait à 4,100 fr. en 1890, à 5,414 fr. en 1896 et à 5,095 fr. en 1898. La part des métayers a accru en raison directe de cette élévation. Il en résulte que le prix de l'hectare dans le pays où ce domaine est placé, étant de 1,500 fr. à 2,000 fr., ce sol médiocre rapporte plus de 5 0/0.

Du reste, pour M. Vacher, la valeur du sol ne vient pas seulement de sa fertilité. Elle est le résultat de deux autres facteurs : l'argent qui existe dans le pays et la texture géologique du sol. Plus le petit cultivateur est riche, plus il est sûr de mieux vendre sa propriété. Cela explique pourquoi on voit souvent des ventes tout à fait inégales entre deux terres d'une même fertilité et d'un même rapport, situées dans deux communes limitrophes. Quant à la composition géologique, il faut qu'elle soit de nature à permettre le morcellement. Plus l'eau et les matériaux de construction abondent, plus celui-ci est facile. Et c'est précisément là le cas des terrains granitiques.

M. Viger, qui a eu l'occasion de visiter le domaine de M. Vacher, déclare avoir été émerveillé; l'organisation lui a paru de premier ordre et la comptabilité ne laissait rien à désirer (1).

NOUVEAU PROJET DE LOI SUR LES ASSURANCES MUTUELLES AGRICOLES

La Chambre des Députés vient d'adopter le projet de loi présenté par l'honorable député du Loiret, M. Viger, ancien ministre de l'agriculture, relatif à la constitution des sociétés ou caisses d'assurances mutuelles agricoles. D'après le projet de M. Viger, les sociétés qui sont *gérées et administrées gratuitement* et qui ne visent à *la réalisation d'aucun bénéfice*, seront à l'avenir affranchies des formalités prescrites par la loi du 28 juillet 1867 et le décret du 22 janvier 1868. Elles pourront se constituer, *presque sans*

(1, Société d'Agriculture de France. — *Journal des Débats*, février 1897.

frais, par application des dispositions de la loi du 21 mars 1884 sur les associations professionnelles.

Les sociétés ainsi créées seront exemptes de tous droits de timbre et d'enregistrement ; néanmoins, elles seront tenues d'acquitter le droit de 0 fr. 10, c'est-à-dire de timbrer les quittances et factures acquittées dont le montant dépasse 10 francs.

Cette loi sera la reconnaissance légale d'un état de choses qui durait depuis très longtemps : actuellement, le seul régime légal des sociétés d'assurances est celui édicté par la loi de 1867. Cette loi, faite pour les grosses sociétés, convient mal aux petites sociétés mutuelles d'assurances ; elle impose une organisation très compliquée et une comptabilité minutieuse que les agents du fisc peuvent se faire présenter. Ces frais de constitution sont élevés (300 francs au moins, même pour une petite société) ; de plus, ces sociétés ont à payer un impôt de 4 centimes par 1,000 francs de valeurs assurées et un droit d'enregistrement qui est de 10/00 du montant des primes encaissées.

Pour éviter ce régime aussi onéreux, beaucoup de caisses d'assurances mutuelles contre la mortalité du bétail se sont fondées sous le régime de la loi du

21 mars 1884. Mais bien que fonctionnant sans empêchement, on n'a pas voulu leur reconnaître une existence légale ; une circulaire ministérielle du 15 avril 1898 a même décidé que les secours accordés par le ministère de l'agriculture seraient réservés aux seules sociétés qui seraient fondées sous le régime de la loi de 1867.

Le projet de loi de M. Viger fait disparaître cette inégalité de traitement ; désormais, toutes les sociétés auront les mêmes droits aux mêmes secours.

Ajoutons que, grâce aux dispositions de la nouvelle loi (n'oublions pas que le Sénat doit encore la voter), rien ne sera plus facile aux cultivateurs que de fonder entre eux des caisses d'assurances contre l'incendie, les accidents du travail, etc., etc.

Cette proposition de loi ouvre à la mutualité agricole un nouvel avenir et non des moins brillants.

---

(1) DE FROMENTIN. — *Journal d'Agriculture moderne*, n° du 8 avril 1900.

MÉVENTE DES BLÉS

Il y a quelques jours, le 6 avril dernier, M. Darbot, député, montait à la tribune pour signaler les plaintes des agriculteurs au sujet de la mévente des blés.

Le remède que propose M. Darbot consisterait dans la réglementation des admissions temporaires, de façon que la spéculation ne puisse pas en profiter et en réglementant le fonctionnement de la Bourse de commerce.

M. Darbot réclame aussi l'abolition des marchés à terme et l'ordonnancement des autres marchés.

Nous l'avons dit, et nous le répétons encore, l'organisation des syndicats agricoles pourra seule mettre un terme aux abus trop réels de la spéculation dont on se plaint en Amérique et en Allemagne plus encore qu'en France.

En Allemagne, comme aux États-Unis, la spéculation domine le marché des blés. Vainement le gouvernement allemand a cru la terrasser en supprimant les marchés à terme, qu'il vient d'ailleurs de rétablir. Des exemples récents prouvent que les agriculteurs allemands ne sont guère mieux organisés que les agriculteurs français pour la vente de leurs produits et qu'ils sont à la merci des cours fantaisistes que leur imposent les spéculateurs de Berlin.

Vers la fin de septembre, la tonne de blé valait, à Breslau, 8 fr. 75 de plus qu'à Berlin. En février, les cours de Berlin furent de 3 fr. 75 au-dessus de ceux de Breslau. Il y eut parité dans les deux places au commencement de septembre et à la fin de décembre. Entre Magdebourg et Berlin, l'écart des cours fut de 16 fr. 25 le 1er septembre 1899, de 8 fr. 75 le 10 novembre et de 23 fr. en février 1900. Aucune raison économique ne peut justifier ces soubresauts : la spéculation seule les a provoqués.

C'est encore la spéculation qui, à l'heure actuelle, sur les marchés à terme de mai et juin, fait la baisse à New-York et à Londres, tandis qu'elle fait la hausse à Chicago, Paris et Berlin, et la parité à Liverpool.

L'Agriculture n'empêchera ces fluctuations capricieuses *que le jour où elle parviendra à organiser méthodiquement la vente de ses produits.*

Les progrès de la civilisation introduiront forcément des réformes dans tous les codes. Nous en avons une preuve à côté de nous.

LE NOUVEAU CODE CIVIL ALLEMAND

Le 1er janvier de l'année 1900, qui a officiellement ouvert en Allemagne le vingtième siècle, est une date importante dans l'histoire de l'unité allemande; c'est ce jour-là, en effet, que les divers Etats confédérés ont abandonné leurs législations particulières et que le nouveau Code civil de l'Allemagne est entré en vigueur.

Jusqu'ici, chaque pays allemand possédait sa législation civile à part; combien y en avait-il de différentes? Nous ne savons; mais on a calculé que 33 0/0 de la population vivait encore sous le régime du droit romain, de la codification justinienne compliquée de tous les éléments barbares, féodaux et

---

(1) Voir le *Journal d'Agriculture moderne*, du 1er avril. — Paris, 61, rue Lafayette.

autres, qui s'y étaient introduits au cours de quinze siècles, ce qui rendait la tâche du progrès terriblement difficile, et la situation des plaideurs non moins délicate.

Nous ne pouvons pas entrer dans le détail des innovations apportées au droit allemand par le nouveau Code et énumérer même les principes qu'il fait prévaloir et qui ne sont pas admis encore par les Codes des autres nations : c'est l'affaire des recueils spéciaux. Mais ce qu'il faut noter, et qui est vraiment digne d'admiration, c'est l'énergie mise par le gouvernement allemand à faire prévaloir cette réforme et le concours que lui prêta le Parlement (1)

———

———

(1) RAYMOND KŒCHLIN. — *Journal des Débats.* — Mars 1900.

NICE. — IMPRIMERIE DES ALPES-MARITIMES

16, RUE SAINT-FRANÇOIS-DE-PAULE, 16

www.ingramcontent.com/pod-product-compliance
Lightning Source LLC
Chambersburg PA
CBHW072146270326
41931CB00010B/1908